eccehomoeccehomoeccehomoeccehomoeccehomoeccehomoeccehomoeccehomoeccehomoeccehomoeccehomoeccehomo

始まりの人
（東洋先駆者列伝）

茂木光春
Mitsuharu Motegi

JN166251

文芸社

序言

岸　達志
（小田原坐禅会主宰・東泉院住職）

最初にとりあげている釋道安は、どこかで見たような名前である。慧遠や羅什の高名に隠れているが、中国佛教の流れで、浄土教や空の大乗思想を伝えたと紹介し、「始まりの人は、たった一人種子をまく人である」と啓発的な一言で結んでいる。

次の慧可大師は自らの臂を切って決意を示し達磨の弟子となり、禅の法燈を伝えた逸話を画題とした雪舟の名画でつとに有名である。この問題の画に著者は、この画は人物画ではないと、一刀両断した。血ぬれた臂を片手にして達磨に差し出す、むごたらしいまでに壮絶な画面に対し、一人は真の師を、一人は真の弟子を求めて、絶対飢餓をもって相まみえたのだとする。禅の始まりはとかく苛烈である。著者は慧可の身を捨て心を捨てた意志の象徴の上に詩的真実を見るべしとする。

私もこの血まみれな禅の相続画面を如何に商量すべきかあぐねた時があった。著者の一断に及んでこれはまさに詩境だと思った。木村雅明氏は伝記は文学にならねばならぬと言った。

福音書も正法眼蔵も高次元無上の大詩篇と云えるであろう。私は本書第二章の慧可の文章に著者茂木居士の切々たる詩魂詩境をおぼえる。

李卓吾は、信に生きる未来隠者だという。その「童心説」は吉田松陰に決定的な影響を与えたという。本書終章を著者は松陰を以て結ぶ。私は読みすすんで、著者の精神の流れをたどれるように思った。

続く譚嗣同は中国の松陰であるといい、悲痛なるドン・キホーテだったという。さらに「醒めきっていながらどこか狂、狂でありながら徹底的に醒めきっている」としている。ただ「狂」の字はわが国では異常者の別名だが、中国では古来隠者への尊称である。

最澄は悲願の人だと呼んでいる。悲願の人というのは、真の求道者であり理想主義者であるということであろう。空海と同船して渡唐したが、後者は外面の人であり、前者は内面の人といっている。しかし四百年後の鎌倉時代に比叡山から、法然・親鸞・榮西・道元・日蓮が出て、最澄の法燈は開華したのである。

村田珠光は一休や利休に隠れているが、珠光は侘び茶の究極を真っ先に駆けていった人なのである。

藤原惺窩は窮屈な朱子学の祖と思われていた。ところが著者は「洒落《しゃらく》」洒々落々として天空の如き生き方の典型が惺窩だったとは意外だった。しかし惺窩も悲憤と逆境と破門の生涯を生き、その果てに生まれた洒落であったという。

始まりの人の最後は吉田松陰である。著者は松陰にたどりつくのに七人の先駆者を書いたように思われる。吉田松陰は、明治以降年とともに有名になった人である。蘇峰の（『吉田松陰』の）初版は明治二十六年に出た。その後松陰神社もできた。私などは戦前極端な国家主義教育で育ち、吉田松陰は偶像崇拝にちかい存在だった。

著者は幼い頃はじめて読んだ絵本が松陰であったという。つぎに愛読したのがドン・キホーテだった。そして松陰をドン・キホーテになぞらえる。

革命家の彼の一生は、獄中にあっても『講孟箚記《さっき》』等の著作として残されているという。最後の章に及んで、それらの遺著の内容を現代の読者に紹介し解説している。

著者は執筆にあたり、ニーチェの『アンチクリスト』の引用をもって始まり、松陰の章においてチェ・ゲバラを引いて、現代に松陰を活かさんとしている。

冗冗するまでもなく、著者は優れた語学力をもって、洋の東西諸学に通じた碩学である。加えて卓抜な詩境と文辞をつらねて、『始まりの人』一巻を成した。

挙げた八人は、どの人も世に天才と呼ばれる人たちである。これらの人に共通しているのは学識、見解、文才にすぐれ、未来を達観し、知己門下に敬慕された人である。反面、権力金力に近づかず、社会的に不遇で、生涯は悲劇的な人が多い。これらは残念な点であるが、逆に後世になるほど名誉と功績が高揚し、後人は感謝と報恩の日々を過ごすべきが人道であろう。

しかし天才といわれる方々が現実に不運であり不遇だと言われる俗評はまちがっているのではないだろうか。天才のエネルギーが現実を恨むところから出るのではなく、理想と未来を確信して生涯を貫く精神から発している筈である。天才というのは地上の才子ではなく、天上の才師のことではないのか！　しからば般若の空にあって、是非善悪どころか、万有を超克し、真如の妙光が永遠に輝き続けているであろう。

目次

始まりの人

（東洋先駆者列伝）

㈠　中国編

序章

世には序文作家とでも言える人が存在するようである。その人の書く序文が優れているというだけでなく、その人の著作全体が序文であり、さらにはその人自体が一個の生きた序文であるというような作家がいるようである。言わば、時代に先駆けて、次の時代に向かって序文を書き序文を生きたと言えるような作家なり思想家である。序文を英語ではprologueと言う。proとは「前」、logueとは「言葉」であるとすれば、prologueとは「前の言葉」あるいは「言葉の前」ということになるだろうが、私流に言い換えるならば、「始まりの言葉」であり、生涯そのような始まりの言葉を書き続けあるいは生き続けた人であると言っていいだろう。世間の人たちは、その人の始まりの言葉が、いまだ時代に属していないが故に、理解できず、さらにはその始まりが何の始まりであるか分からず、だからまた、誤解と無視と嘲笑をもって遇しかつ葬り去った人物たちである。

始まりの人は悲劇的な一生を送る。したがって、悲劇的な感受性の持ち主となる。そして次の時代に向かって種を播く。あるいは、正確に言えば、来ることのない「永遠」に向かって種を播くのである。

ここでそのような序文作家の典型たるニーチェの言葉を一つ引用しておこう。ニーチェはその最後から二番目の著作『アンチクリスト』の序文において次のように述べている。

この本はごく少数の人達のものである。ひょっとするとその裡のただ一人もまだ生きていないかもしれない。明後日こそ始めて私に属するのである。死後に生まれるという人も若干はあるのである。

今日や明日にはけっして属さず、明後日に至って始めてそれが私に属するとする人、この世にはまだ生まれず死後になって始めて生まれるとする人、それが序文の人であり、始まりの人であり、先駆ける人である。そして明後日とは、正確には、今日から二日後のことではなくて、「永遠と二日」の後のことである。永遠に追いつけない明後日である。そのような人を理解できるほんの少数者とは、同じ序文の中で、ニーチェは「禁ぜられたものへの勇気、迷宮に至るべき宿命、七つの孤独からの或る体験、新しい音楽に対する新しい耳、最も遠きものに対する新しい目、今日まで黙して語らないでいた真理に対する一つの新しい良心」を持った人たちであるとしたのである。これはまた始まりの人を指して言った言葉だとしてもいいだろう。

しかしながら、このようなことを言わざるを得ない人は、例外なく、悲劇的な生涯を送らざるを得なかった人であり、したがってまた、そのような生涯によって磨かれ鍛えられて、悲劇的な感受性の持ち主とならざるを得なかった人であった。

私はそのような始まりの人を東洋の歴史の中に求めて旅をしようと試みるものである。その著作のすべて、その生涯そのものが未来に向かっての序文であるような人、そして苦悩のうちに播いた種子が、明後日にあるいは永遠と二日後になって、少数の理解者、少数の門弟たちとなって生まれ変わる人たちを探す旅に出ようとするものである。

第一章　釋道安

一　どん底からの出発

私はかつて一人の不思議な人物と出会った。中国は四世紀、その最も深い、最も暗黒を極めた歴史の夜の底にあって、一個の妖しいまでに蒼い光芒を放って消えた人物である。その人は衛道安と言った。沙門となって後は釋道安と名乗った。現在の河北省である常山扶柳の出身、生まれは西晋の永嘉六年、今風に言えば、西暦三一二年であり、西晋が滅び、東晋の立つ五年前のことであった。言わば、乱世の始まりに生まれ、乱世に人となり、乱世の中で生涯を終えたと言える人物である。いわゆる五胡十六国の争乱絶え間ない時代にあって、濁流の中の一葉として漂流し、雷雨の中の一蟻として放浪したのである。

道安はその著作『道地経序』の中でほぼ次のように述べている。

私は生まれて日ならずして、皇綱の紐（西晋の王朝）の絶えるに遭い、匈奴の、中華を乱し、山左（河北省西部）は占領され、難を山西省に避けたが、師斃れ、友失せ、四方に縁あるものを訪ねんとして、どこにも頼るべき所がなかったと。

つねに難民、棄民、流民の群れと行いを共にしたのである。

そしてまた、すでに家庭からして不幸であった。幼にして両親を失い、外兄の家に養われたとされているのである。あるいは戦禍に巻き込まれて、両親と死別したとも考えられようか。

しかも、天はその人を試そうとしてかくも残酷になり得るのか、道安少年は「形貌至陋、ために師に重んじられず、田舎に駆使されること三年に及べり」と、つまり、その容貌がきわめて醜く、師に就いて学業を修めようとして、師から毛嫌いされ、追い払われて、畑仕事にこき使われて三年を過ごしたというのである。であるにもかかわらず、道安少年は労して恨む色なく、孜々として励んだとあり、神性聡敏、人情に篤く、精進斎戒欠けるところがなかったという。

師から経典一巻を朝に借り受け、畑仕事の合間に読んで、夕べに返し、また翌日別の経典一巻を借り受けてまた夕べに返すその素早さを怪しんで、師が試みに経典の一部を暗唱してみよと言うに、一字も違わざるを知って、一驚したと伝えられている。神性聡敏と言われた所以である。

形貌至陋にして神性聡敏、何という矛盾であろうか。しかもその形貌至陋の具体的な特徴をここに述べようとして、はたと行き詰まるのである。

道安、生まれながらにして、左の臂の上に一皮あり、広さ一寸ばかり、臂に著けた腕輪のごとく、つまんで上下することができるほどであったが、腕からもぎ離すことはできなかった。別の伝によれば、臂の外側に方肉（四角い肉片）があり、そこに通文（入れ墨のごとき模様）があったという。よって、時の人は彼を称して、印手菩薩と呼んだ。その異様さは只者ではない。神話的なまでの奇形さであるとも言えようか。

さらには、顔が異様に黒かったと言われていて、西域の仏図澄《ぶっとちょう》なる僧侶が中国に来るや、道安と逢って、一瞥、驚嘆しかつ共に語ること終日であったが、後に、図澄の行った講苑において、聴法の衆、道安を見て、嫌悪、軽侮の色を見せた時に、図澄曰く、「この人の遠識（遠大なる見識）、汝らの比にあらず」と言った。聴法衆は図澄の道安を重んじるを良しとせず、「崑崙子を難殺せん（責め殺そう）」と言い、聴法衆、議論を仕掛けるも、道安すべて説破するに及び、「漆道人、四隣を驚かす」と言ったと伝えられている。崑崙子と言い、漆道人と言い、色黒を喩えるにこれ以上の譬喩はなかろうというものである。

古代ギリシャ最大の賢人ソクラテスは人々から公然と「シレノスの箱」と呼ばれたごとくである。外側は醜悪この上ない森の神様シレノスの姿が画かれていて、手に触れるのも厭わしいほどであるのに、いざ蓋を開けるや、金銀財宝が溢れ出ると言われた箱に喩えられたのである。

道安もまた東洋におけるシレノスの箱であったと見ていいであろうか。いやむしろ、形貌至陋にして神性聡敏、道安はそのようなソクラテスをはるかに凌ぐ奇形矛盾体であったというべきであろう。しかも伝記では、労して恨む色なく、人情に篤く、精進斎戒欠けるところがなかったと伝えられている。その晴朗さには測り知れないものがあったと想像されるのである。形貌至陋にもかかわらずそうだったのか、形貌至陋なるが故にそうだったのか。それこそ一個の矛盾であり深淵であり秘密でもあった。おそらくは、もはや逃れるすべのない己の形貌至陋を、その神性聡敏をもって突き詰め、問い深め、内面化し、ついには、それを突破して、その果て、「これが我が運命か、であれば、よしまた一度」と、吹っ切れたごとき運命愛をもって、受容していったことであったろう。しかもそれにもかかわらず形貌至陋は日々そのままなのである。絶望と受容と、その無限の絶えざる距離の中で、おそらく、道安独自の悲劇的な感受性なるものが培われていったにちがいない。自らの形あるものへの絶望と、であるが故の、形なきものへの憧憬というものがどれほどか熾烈だったことだろう。

後の唐代の禅者、薬山和尚は、晩年、訪れた僧から、「尊公、近日いかん」と問われて、「百醜千拙、ぶるぶるよろよろ、よぼよぼおろおろと生きておりますわい」と答えたという。そしてある夜、山の端の雲間から月が突如現れるのを見て、からからと笑い、その声、四隣に響き渡ったという。百醜千拙が月を浴び、月を笑ったのである。奇巌絶壁が月を浴び、月を笑うのと同じ神々しさである。

道安また百醜千拙の生涯を生きたのである。奇巌絶壁の生涯を生きたと言い換えてもいいだろう。百醜千拙がやがて月の光を受けて奇巌絶壁の神々しさと化するまで生きたのである。天に寵されるということはそういうことだ。畸人とは人と異なって天に等しい人であるという。とすれば、道安また神々しさ限りなき畸人であった。

二　印度仏教を背負う

道安は乱世の人である。五胡十六国の時代である。王朝すでになく、蛮族、踵を接して乱入、漢を称し、王朝を僭称した。儒教崩れ、礼教滅し、漢の文化も道徳も思想も言語もすべて漂流、人心の荒廃の風に乗って、流転の巷へと散って行った。そこへ西域の文物、西域の人物が雪崩を打って流入したのである。新しき風であり、新しき思想であり、新しき生き方であった。仏教である。仏教者である。その波はすでに古く、二百年の前から打ち寄せていたはずであるが、今は滔々として、大波をもって、漢民族の足を掬ったのである。安世高が来、康僧会が来、竺法護が来、仏図澄が来、その他数限りもない印度、西域の僧侶が来て、小乗経典、般若経典を陸続としてもたらし、若き修行者たる漢族の青年たちを巻き込んで、これの訳業に当たり、燎原の火のごとく、新しき教えは燃え広がったのである。

その中に道安もいた。十二歳にして出家して以降、戦火の中に師を求め、法を求めつつ、ついに、西域僧仏図澄と邂逅、法然に逢った親鸞のごとく、師の道を信じ、師に殉ずるごとくに、苦修練行、その間、自らは訳業に当たらずとも、夥しい漢訳経典の用語の選定、統一、是正等に、その神性聡敏の才を奮い、後の般若経典の大翻訳者鳩摩羅什《くまらじゅう》への道を開いたのである。

憤を発して道を問うひたすらな求道心であった。言わば、闇のエネルギーに満ちた、妖しいまでの求道心であった。形貌至陋にもかかわらず、求道心は師を打ち、同輩を打ち、後輩を打った。仏図澄と初めて逢った時、師はすでに百歳を超え、道安二十四、五歳、しかも師は身の丈八尺、風姿詳雅、巍々堂々たる偉丈夫であり、道安と語ること数日にして、その矮躯《わいく》短小、形貌至陋を見て見ず、そのひたすらな求道心、神性聡敏を良しとして、たちまち賛嘆、聴法衆の蔑視を諭して、「道安の遠識、汝らの比にあらず」と言い切った。道安は師の百十七歳にして遷化するまで十数年師事した。

後、道安を師と仰ぐ修行僧多く出て、兵乱に遭うや、師弟共に数百人、まさに一族流亡、「（山西省）王屋の女机山《じょきさん》に入り、しばらくして黄河を渡り、（河南省）陸渾《りくうん》に依り、山栖木食して、修学せり」、しかもたちまち兵火は近づき、湖北省襄陽に逃れ、三度、そこをまた逐われて、道安、門弟共々、ふたたび黄河を渡り、「夜行して雷雨に遭いたるも、雷光に乗じて進み」とあるがごとき逃避行を繰り返したのであった。その間にあっても、講学は止まず、漢訳経典の註釈と序文の執筆に寧日なかったのである。

襄陽にあった時、郡の長官にして博学の文人習鑿歯《さくし》という人物が道安と逢って、「我が輩は四海の習鑿歯なり」と誇称するや、道安、すかさず、「我が輩は彌天《みてん》の釋道安なり」と言い放った。時人みな名答としたという。四海は天下に過ぎず、彌天は三千大千世界である。地球と宇宙の違いである。矮躯短小、形貌至陋の道安にして、この言あり、まさに気宇壮大、痛快なるものがある。

習鑿歯、後に、知人に道安のことを語って曰く、「威を重くし、勢を大にして、他と争わず、師徒数百、講学して倦まず。粛々として相尊敬し、洋洋たり、済済たり（ゆったりとして助け合う）。人となり、学は内外に亘り、志し正しく、辺幅を飾らず。寛仁大度、小事に拘ることなし。われ、かくの如き人をいまだかつて見ることなかりき」と。

後、前秦の王、符堅が襄陽を攻めて、占領した時に、部下に向かって言った、「朕は十万の兵をもって襄陽を取ったが、ただ一人半を得たのみ」と。部下が「一人半とは誰ぞ」と聞くや、「道安が一人、習鑿歯が半人」と言ったと伝えられている。

襄陽に居ること二十数年、晩年に及んで長安に帰り、七十四歳をもって逝去した。

三　般若心経はこの人にあり

つねに戦乱の巷にあって、数々の逃避行を繰り返しつつ、野辺に臥し、木の根を食し、風飡《ふうさん》水宿、修行者と共に般若経典の究明と実践に倦むことなく、しかもその間にあって、訳語を正し、文章を統べ、漢訳経典同士の字義の統一を図り、もって一大著述『綜理衆経目録』を書き、後の漢訳仏典の基を開いたばかりでなく、当時陸続として漢訳されていった般若経典に対して自ら序文を書いて、未知の曠野に向かって弘法の基を開いたのである。

その著すところの著述はおよそ二十数巻、しかもそのほとんどすべてが漢訳小乗経典ないしは般若経典の序文であったことは特筆に値するものであった。自らの才能、自らの神性聡敏のすべてを経典の弘通の中に埋めたのである。大河に一水を投じたのである。捨身飼虎である。それが「彌天の釋道安」と言った真の謂われであったろう。もはや己などない。乾坤無私である。

そのいくつかをここに列挙するならば、『道地經序』、『陰持入經序』、『安般注序』、『十二門經序』、『道行般若經序』、『摩訶般若抄經序』などである。

著作のほとんどすべてが序文なのである。経典本文のために己を消したのである。しかも経典に翻訳者の名前は記されても序文者の名前は記されていないからである。しかもその序文たるや、道安の心血が注がれ、いや、むしろ、漢文化の心血が注がれたと言うべく、その遠識、その深淵、その幽邃なる言語表現が駆使され、易経、詩経、論語、孟子、荘子、戦国諸子百家の精粋を自家薬籠中のものにしつつ展開する迫真の序文であった。まさに神性聡敏の文章と称するに足るものであった。究極、序文に己を消しつつ、しかも、悲痛、己の魂の呻吟が芝蘭の香りをもって忍び出るのである。当時の門弟のすべてにも、当時の人々にも、ついには聞き取ることはできず、また聞き取ることを願うこともなかったはずの、知らず、永遠と二日後のいまだ見ぬ人々に向かっての、道安心底の悲嘆が漏れ出ているのであった。

般若経典の真髄は色即是空、空即是色である。空の究明であり空の実践以外のものではない。後世の人々はそのことを知っている。後世の仏教者はそのことを究明し実践さえしている。色《しき》を形あるものと見、それが形なき空《くう》の一瞬一瞬の自己展開であるということぐらいは知っている。しかし道安にとって、空とはそのような単なる知識でもなく単なる実践でもなかった。そのような他人事じみた認識論でも実践論でもなかった。道安にとって、空とは青天の霹靂であり、白昼の落雷であった。それに打たれて死に、絶後蘇ったのである。

道安にとって色とはすなわち我が形貌至陋である。それ以外の何ものでもない。己の色、己の形あるもの、この我が形貌至陋の厭わしさ、それへの絶えざる絶望以外の何ものでもない。色とは眼前の形ある現象のすべてであるというがごとき呑気な他人事ではない、即今怖気を振るうがごとき我が肉体である。いかに我が身を抹消したかったか。いかに現実を振り捨てたかったか。いかに形なきものに憧れ、いかに形なき絶対の世界を仰望したことであったか。その時、空というものが青天の霹靂のごとくましらに落ちてきたのである。白光のごとく光って落ちたのである。

色とは空である。色のままで空である。空の千変万化である。形貌至陋とは空である。形貌至陋のままで空である。空の千変万化の一つである。形貌至陋は自分のものではない。空の仮の姿であり、空の一瞬の命である。

狂喜すべき教えである。

自らの形貌至陋、自らの百醜千拙への絶望が極まった夜の底に、空という白光が走ったのである。道安におけるこの空へのひたすらな熱望、形なき空への悲痛なる仰望なくして、般若経典は中国の大地に根付くことはなかったであろう。

これら序文を貫いているのはこの形なき空への悲痛なる仰望である。漢訳般若経の背後には道安のこの悲痛さがある。七つの孤独に耐え、七つの絶望に耐えたものの呻吟がある。

ここにその序文の一例を『道地經序』から引いてみよう。

賾奥《さくおう》の邈《ばく》たるを探るは八輩と雖も、之を難しとす。況や末学小子、之を庶幾《しょき》せんをや。

（空の奥義の遥かなる様を探ることは聖人といえども難しい。いわんや今の世の我ら末学小子などどうしてそれを願うことができようか。）

然るに天竺の聖邦は、道、岨にして遼遠なれば、幽見の碩儒の来りて周ねく化するもの少なく、先哲は既に逝き、来聖は未だ至らず。

（しかるに天竺印度の国は道険阻にして遼遠、大仏者の来って教えるものはすくない。先哲はすでに逝き、未来の聖人はいまだ現れる気配がない。）

進退狼跋《ろうばつ》し、咨嗟涕洟《しさていい》す。故に章句を作って、己が丹赤を申ぶ。願わくは、諸の神通、我が喁喁《ぐうぐう》を照らし給わんことを。

（ここに進退狼狽して、嘆き悲しみ、涙に暮れるばかりである。ために、文章を作り、己の赤心を述べる次第。どうか願わくは、神通を得たる人、わが愚心を照らし給え。）

これこそまさに道安始まりの人たる所以である。七つの孤独に耐え、七つの絶望に耐えて、道なき道を行く単独者と言わずして何と呼べばいいだろうか。始まりの人は、このように、悲痛をもって我が生き血とするものである。

道安は雷のごとく空によって打たれしもの、空によって死し、空によって蘇りしものである。道安ほど悲痛かつ切実に空を求めたものはいないであろう。したがってまた道安ほど捨身飼虎してついに空を得たものもいないであろう。

道安によって空の種子は中国の地に播かれた。その形貌至陋、百醜千拙によって、空の種子は中国の地に根付いたのである。

道安は死して後に慧遠《えおん》という大仏教者を生み出した。廬山に白蓮社を開いて後の浄土教の基を成した人物である。そしてまた維摩経や般若心経などの般若経典の定訳を成就して後の大乗仏教の基を成した西域の鳩摩羅什《くまらじゅう》もまた、道安を思慕しかつ私淑して、道安の曠野の一灯を継いだ者である。

道安は慧遠や鳩摩羅什などの大樹の陰に隠れて後世からは見えない。しかしその大樹の根を養ったのは道安である。

始まりの人はたった一人種子を播く人である。

第二章　慧可大師

一　雪舟「慧可断臂図」を見よ

　雪舟は七十七歳の時に「慧可断臂図《えかだんぴず》」を描いた。没年は八十七歳だったとしても、画業の上では、すでに晩年に属する作品と言っていい。しかもそれは自らの老齢を引き裂き、自らの惰弱を引き裂き、ある種、内なる雷光を発したごとき絵画である。雪舟にしてすでに例外に属する作品であり、雪舟極北の作品である。あるいは禅の修行と絵の修行との融合極まった頂点の作品であるとも言えようか。十三歳にして相国寺に入り、以後禅と絵の修行を続けるも、応仁の乱に遭って、四十八歳から五十歳の二年間、渡明、中国の水墨画を極め、ついに「中国に我が師なし」として、帰国、日本各地を放浪、山水を見、山水画を極めつつ、やがて、以前からの周防大内氏の庇護を受けて、画業を完成させた一生であった。

雪舟は山水画家である。あくまで中国の山水画を極め、その蘊奥を切り開いた画家である。人物画も画いたが、やはり山水画に極まる。

そしてこの「慧可断臂図」である。すでに人物画ではない。たしかに二人の人物が描かれてはいる。慧可とその師たる達磨がそこには居る。しかし、それは断じて人物画という範疇に収まっていない。むしろ人物画を引き裂いたものである。人物画を嚙み破って躍り出たものである。壮絶である。むごたらしいほどの壮絶さである。見る者の言葉を奪い、生き肝を奪う。言語道断を描いたものである。絶句する他はないものを描いたものである。

一口に呑み込もうとするごとく覆い被さって来る巨大な巌窟の前に、薄い、太い墨の線をもって輪郭を隈取られつつ、頭上からすっぽりと白い衣裳に身を包んだ男が巌壁を前にむんずと坐り込んでいる。向かって右向きに顔を向け、黒い、長い眉毛、白い、上目遣いの、ぎょろりとした目、鼻高く、鉤鼻である、薄汚れた横顔、鼻の下から口の周りにかけて、黒々と、太い、強い鬚がそそげ立つごとく生えている。壁観婆羅門と言われた達磨である。目が異常である。右目だけしかこちらからは見えないが、その右目の中の、深い、黒い瞳は、上の瞼にひっつくがごとく、上目遣い、すでに眼前の巌壁はおろか、森羅万象のいかなる事物をも見徹し見尽くして、ただ空のみを見詰めるがごとき、空寂、老獪なる眼差しである。

その左下にもう一人の人物がいる。立ちつくしているのであろうが、上半身しか見えない。同じく、むかって右向きの横顔、それは斜め前の達磨を見てはいない。むしろ斜め右下の方にかすかに顔を傾け、痩せこけた長頭は額より禿げ上がり、薄黒いごま塩の後頭部、額広く、皺を何本も走らせ、太い、長い、くの字型の眉毛の下、凹んだ眼窩に、細い、思い詰めた、鋭い目、鼻から口へ、薄黒い鬚を生やし、耳が異常に長い。灰色と白の袈裟を羽織り、白い袈裟の下の右手をもって、すでに臂から断ち切られた左手を差し出しているごとくである。その左手は掌を上にして親指、人差し指、中指、小指を軽く握るごとく内側に曲げ、薬指だけがやや外側に垂直気味に向けられている。臂を断って、達磨に差し出そうとする慧可である。

達磨の坐っている薄い敷物の下、横に水平の岩床、さらに巌窟の奥へと、同じ横に水平の広い岩床が連なっている。岩床の上は白く雪が積もっているのであろうか。

そして覆い被さるがごとき巌窟の巖の形が何よりも異常である。巨大な髑髏が大口を開け、二つの、やや離れて、斜めに並んだ、黒々とした、髑髏の眼窩のごときものが空の眼を開いて、二人の人物を呑み込もうとしているごとくである。そして中央の巌窟の奥は怪物の咽喉のごとく果てしない。

壮絶である。むごたらしいまでに壮絶である。それは単に慧可が断臂した左手を差し出しているからだけではない。二人の人物を呑み込み噛みつこうとする巌窟の謎めいた奇怪さ、その巌窟の凄さに相拮抗するがごとき二人の人物の面魂《つらだましい》の磐石たる気魄、その画面全体が壮絶なのである。

これは二つの相異なる精神の衝突のドラマを描いたものである。二つの精神の、これ以上張り詰めようもない、白い、酷烈の、緊迫した対峙を描いたものである。一人はインドから海を渡り、中国に至って、我が禅の第一義を伝えるべく、寄り来る一切の人間の真贋を徹見し、その不徹底を拒否しつつ、すでに百四十歳、たった一人、餓死をも厭わず、洛陽郊外の、嵩山少林寺の岩山に立て籠もったのである。一人は中国にあって、乱世の中、儒教にも老荘にも飽きたらず、さらには、当時、澎湃として流入し、都の人心を奪いつつあった般若、涅槃、三論等の講学仏教にも飽きたらず、はや四十歳、魂の飢えを抱いて、噂に聞く壁観婆羅門の許へと急いだのである。

この絵は二つの絶対の飢えを描いたものである。一人は真の弟子を、一人は真の師を求めて止まぬ絶対飢餓をもって相まみえたのである。禅の始まりとはかくも苛烈なものであった。二人の絶対飢餓なくしては禅の始まりも禅の伝来もなかったと言っていい。雪舟はその奇蹟の瞬間を見事に描いたのである。

二　禅かくのごとく始まれり

慧可大師は後魏、太和十一年（四八七）、今の河南省成皐《せいこう》県の虎牢に生まれた。俗称姫氏、周族の末裔にして名門であった。幼名を光と言った。利発、群を抜き、十五歳にして九経を諳んじたと伝えられる。九経と言えば、易書詩礼楽春秋の六経と論語孝経小学の三経を合わせたものである。後、老荘より進んで、仏教に親しむに至り、三十歳にして、竜門の香山寺、宝静禅師について出家、定慧の学に励むこと十年、一日、夜半、一神人が夢裡に現れて曰く、「何ぞここに留まるや。大道は遥かなるに非ず。汝それ南せよ」と。ここに神人とは慧可の心中に潜む無意識の飢えであったに違いなく、定慧の学問仏教に飽きたらぬ、真実への飢餓の囁きであったろう。大道は近きにあり、南へ行けと命じたのである。後、慧可は自らを神光と称した。時、すでに四十歳を超えていた。

慧可はついに洛陽の南、嵩山少林寺を目指し、ここに菩提達磨と運命の邂逅を遂げることになるのである。当時の洛陽の人は少林寺に一人の異人が漂着、僧侶のごとくでありながら、人を集めて般若も三論も説かず、少林寺の庵ないしはその裏の巌窟に籠もり、黙然として只管打坐《しかんたざ》するばかりであったところから、秘かに壁観婆羅門と呼んで、畏怖しかつ敬遠していたのである。

ちなみに達磨大師は南インド香至国王の第三王子、出家して般若多羅尊者の法を嗣ぎ、六十数年後、八十有余歳にして、インドを出発、シルクロードたる陸路を取らずに、海路、インド洋を経て、四七〇年頃、中国の広州に到着、梁を経て、北魏に至り、嵩山少林寺に住し、示寂は五三六年頃、享年百五十余歳であったと伝えられている。その真偽いずれにせよ、大変な高齢をもって、中国に渡り、長年月中国を遊歴、最晩年に嵩山少林寺に漂着したことは事実であったに違いない。その間、各地の仏教徒によって毒を盛られること六度、かろうじて、難を逃れたと言う。たった一人、茨の道を行ったのであり、ヴィア・ドロローサたる悲しみの道を行ったのである。法難の人達磨、受難の人達磨であった。法難相次ぐ中にあって、その人をさらに前へと、いわば、さらなる極北の禅へと促した熾烈な志というものは何だったのだろうか。達磨は黙して語らない。維摩と同じ雷のごとき沈黙をもって打坐するばかりであった。

その畏るべき沈黙の人、不穏なる雷神のごとき達磨の許へ、一人の男が果敢にも近づいたのである。慧可である。すでに四十歳を過ぎている。相手は百歳を超えた達磨である。老獪只ならぬ雷神である。慧可は嵩山少林寺にたどり着いた。境内に人気はない。本堂また空堂である。後ろの庵へと回ったが、そこにも人はいない。「大道は遥かならず。南せよ」と言ったのはここのことではないのか。地面の霜柱を踏みしめつつ、庵の背後へと回る。巌山が迫る。脇の滝は白く氷結して寒天のごとくである。ふいに巌窟が見えてきた。巨大な巌窟である。覆い被さるごとき頭上の巌肌から何本もの氷柱が垂れ下がっている。その下に一人の異人としか言いようのない男がいたのである。下の巌床に布団を敷き、体に白い長衣を羽織り、横向き、前の巌壁に向かって、瞑目、端座、兀々《ごつごつ》として、白い巌のごとく、坐り切っているのである。この人が壁観婆羅門と言われたインド僧か。慧可は近づく。「あのう」と呼びかける。「もしや」と呼びかける。来意を告げて、性急に名前を問う。しかし相手は答えない。巌のごとくである。頭上の氷柱がかすかに揺れる。白い、細い沈黙の氷が鳴っている。

達磨は氷魂である。澄徹白き氷魂と化して近づきようもない。

慧可は何日も挑戦した。夜は本堂に眠り、昼は起きて、巌窟に詣で、達磨に教えを乞うた。慧可は引き下がらなかった。すでに儒を捨て、老荘も捨て、講学仏教も捨て、我が心中の深き促しに急き立てられつつ、いまだ生まれざる曙のごとき、一個の未知なる教えを求めて、ここに至った。すでに帰るところはない。

年の瀬も迫った。終日雪が降った。夜半雪はまだ降り続けている。達磨はなお巌窟の中にいる。慧可もまたその人を拝しつつ、雪中に佇立し続けている。そして必死に取りすがるごとく思うのである。

「昔の人、道を求めるに、骨を敲《たた》き、髄を取り、血を刺して餓えを済《すく》い、髪を布《し》いて、泥を掩い、崖に投じて虎を飼う。古、なおかくの如し。我れまた何人ぞや。」

払暁、積雪はすでに慧可の膝にまで達した。身は凍るばかりである。氷壺まさに倒れんとする時、ふいに一個の声が響き渡った。

「汝、久しく雪中に立ちて、まさに何事を求めんとするか。」

声は眼前の達磨その人から発せられたのである。慧可は我が耳を疑いつつ、つぶつぶと凍れる声をもって、心胆を吐露した。

「ただ願わくは、和尚の慈悲をもって、法の扉を開き、凡愚を救いたまわん事を。」

悲涙極まって、慧可は絶句した。

「諸仏無上の妙道は、曠劫に精勤し、行じ難きをよく行ず。忍に非ざるもなお忍ぶ。あに小徳小智軽心慢心をもって真乗を願うことができようか。」

にべもない答えである。達磨の氷魂はいよいよ徹するばかりである。雪はなおも駸々《しんしん》と降り続いている。雪が雪に重なる。静けさが静けさに重なる。天上の静けさが地上に落ちて白い驚きの声を発したごとき緊迫である。白い緊迫が白い緊迫に重なる。

行じ難きをよく行じ、忍び難きをなお忍ぶであったか。

慧可は懐より利刀を出した。もし大道成就せずんば、我が身を断ぜんと、身に隠し持っていたものである。一声、慧可は虎のごとき声を発した。同時、利刀を振り上げ、雪を散らして、左の臂を断った。鮮血が迸った。左臂が鈍い音を放って雪の上に落ちた。雪の上に血が滲みて行く。その上を雪が重なる。残された左腕の先端から吹き出しつつある血が、赤い雪となってぽたぽたと落ちる。慧可は刀をもって衣を引き裂き、左腕のつけ根をぐるぐると巻き、縛り上げ、貧血朦朧たる中、前なる人に向かって、落ちた左臂を差し出しつつ、昏倒した。

生きて百四十年、海を渡り、陸を過ぎり、汚辱と蔑視と誤解の中、嵩山少林寺に至り、今は、ただ一人、老躯を氷壺となして、我が道絶えんと断念しかかった一刹那、一人の男が、断臂、雪を鮮血に染めつつ、左腕を、いや、その全身を差し出したのである。法を求めての捨身飼虎は古の釈迦の前生譚ではなかった。即刻、目の前に、あり得ぬ捨身飼虎の奇蹟が現成しているのである。達磨は振り返り、雪の上の左腕を拝した。左腕無き男を拝した。我が百四十年はこの左腕一本にも値せぬ。法はすでにこの男のものである。

以心伝心であった。いやむしろ、以雪伝雪であった。雪をもって雪に伝えるであった。以血伝血であった。血をもって血に伝えるであった。

以後、およそ九年、慧可は達磨に師事した。一心を二つに分け合った。一心が一心に伝わった。銀椀裡に雪を盛った如くであった。雪中に白鷺が降り立った如くであった。二人して、昼は巌窟に坐り、夜は庵に寝た。

一日、慧可は達磨に問うた。

「我が心いまだ寧《やす》からず。乞う、師、我がために、安んぜんことを」。

達磨曰く、

「(不安のその)心を持ちきたれ。汝がために安んぜん」。

慧可はしばらくして言った。

「心を求むるについに得べからず」。

達磨曰く、

「我れ、汝がために、心を安んじ終われり」。

これこそ禅の始まりである。禅の問答の始まりである。ここにこそ禅の極意がある、禅の奥義がある。心配も不安も焦慮も怖れもそれとして目の前に取り出すべくもなかった。どこをどう工面しても我が心というものを取り出すことはできなかった。ついに心不可得として絶句する外はなかった。その時すかさず達磨は「我れ、汝がために、心を安んじ終われり」と断言したのである。心無しの自覚こそ安心であった。安心とは無心の徹底自覚に外ならなかった。心配も不安も焦慮も怖れもその他數限りもない煩い悩みも無心の上の泡沫、無心そのものの千変万化に外ならなかった。

この時、達磨の以心伝心は成就したのである。以心伝心とは無心をもって無心に伝えるであった。以無心伝無心であった。

一日、達磨は慧可に向かって言った。

「吾れに楞伽経《りょうがきょう》四巻あり。また用いて汝に付す。即ち是れ如来心地の要門にして、諸々の衆生をして開示悟入せしむ。」と言い、さらに続けて、

「吾れ、本、南印を離れて此の東土に来らんとし、此の地に大乗の気象あるを見るによって、遂に海を越え、（砂）漠を越えて、法のために人を求む。際会（人に会って）、いまだ叶わざるときは愚の如く訥《とつ》の如し。今、汝を得て伝授す。吾が意すでに終わんぬ。」

言い終わって、達磨は慧可に楞伽経四巻を授けたのであった。

後、達磨は東魏の天平三年（五三六）、百五十余歳をもって示寂。熊耳山《ゆうじさん》の呉坂に

葬られたと伝えられている。

三　道は狭き門にあり

かくして慧可は楞伽経を伝授され、後に、都の人々に向かってそれを宣揚した。しかし、真に、達磨から血脈のごとく受け取ったものは、ただ一つ、無心即安心の実践であるところの只管打坐《しかんたざ》のみであった。それこそ以心伝心であり、以無心伝無心であった。無心をもって無心に伝える、あの夜半雪中での悲痛なる共感であった。

慧可は左腕を捨てただけではない、身を捨て、心を捨てたのである。一個の悲痛なる捨身飼虎によって、禅の灯は中国の地に灯ったのである。慧可の悲劇的な意志によって、禅の曙は中国の空に明け初めたのである。

後世、慧可断臂なるものを、一部の史実にないとして、否定するものがあるようであるが、そこに慧可の悲痛なる意志の象徴を見ず、慧可の悲劇的な決意の詩的真実というものを見ず、信じないものの小見である。

師達磨と永訣した後、慧可は鄴都《ぎょうと》に出、達磨の道を宣揚したのである。一人に会えば、一人と坐り、二人に会えば、二人と坐り、三人に会えば、三人と坐り、無心即安心の道を実践したのであった。路傍で坐り、破屋で坐り、林下で坐ったのである。当時、都には道恒禅師なるものがいて、弟子千人を擁して、涅槃経を講義していた。学問として哲学として仏の道を説き進めていたのである。慧可の新しき教えの噂を聞いて、道恒師はそれを魔語と断定した。単に慧可の説く楞伽経なるものを魔語であるとした訳ではないはずである。楞伽経も涅槃経も如来蔵（心即仏）を説く後期大乗経典であって、ある意味では、本質を同じくしたものであったはずである。

慧可は説くだけではなく実践したのである。楞伽経を生きたのである。言わば、楞伽経の皮肉骨髄《ひにくこつずい》を生きたのである。逆から言えば、外なる楞伽経を捨てたのである。外なるあらゆる経典を捨てたのである。すでに自らを捨てていた。心を捨て、身を捨て、心無きところ、身無きところに坐忘していたのである。言詮不及《ごんせんふぎゅう》のところへと抜け出ていたのである。無心即安心とはそういうことである。単に魔語ではない。単に魔説ですらない。不可測の魔人を目の当たりにしたと言っていい。

無心とは捨心であり捨身である。大地に身を投げ出すことである。そうでなければ、安心などというものは手に入らぬ。

そして当時の人々はまさにその安心を求めていたのである。時代は末世にして乱世であった。人々は不安と恐怖と疑心暗鬼の中に右往左往していたのである。しかし人々は自らの不安の魂に対して真の自覚がなかった。慧可は独りそのことに気が付き、目覚め、悶え、輾転反側の夜を過ごしていたのである。そして達磨と邂逅した。運命の出逢いであった。

道恒禅師は慧可の教えを魔語として、役人に訴えて、秘かに慧可を殺害しようとさえした。鄴の都にあって慧可は道恒禅師を含めて数知れない法難と受難の三十数年を過ごした。しかも慧可は只管打坐の実践を貫徹し、無心即安心の道を生き抜いた。それだけではない、寺門に依らず、権門に依らず、山林にさえ依らず、史伝によれば、「遂に光を韜み跡を混じて儀相（姿形）を変へ、或いは諸々の酒肆《しゅし》（酒屋）に入り、或いは屠門《ともん》（屠殺場のある城門）を過ぎり、或いは街談を習い（町人と談話し）、或いは断役《しゃく》（召使の役）に随う。人、之に問いて曰く、師は是れ道人なり。何の故にかくの如きなると。師曰く、我れ自ら心を調う。何ぞ汝が事に関わらんと。」すでに街《がい》衢《く》即道場であり、街衢にあって動中の工夫を行ったのであり、雑踏にあって無心の行を徹底し、無心即安心の磐石を生きたのである。後の普化和尚、布袋和尚の和光同塵をすでに先取していたと言っていい。

後、北周の破仏に遭って、慧可は舒州皖公山に難を逃れ、数年の間、隠棲したと伝えられている。仏教盛んなる時にあっては他の仏教徒からの法難に遭い、破仏の時に当たっては権力からの法難に遭ったのである。この時すでに九十歳を超えていた。

破仏解けて後、再び鄴の都に帰って、達磨の道を宣揚したのであったが、十年にして、教学を張る弁和法師なる者の譏に遭って、毒殺されたと言う。享年百七歳、時に隋の開皇十三年であった。

史伝によれば、慧可の生涯は、「遂に鄴衛に流離し、しばしば寒温に展《の》べ、（寒さ暑さに寝返りを打ち）、その道、幽にして玄、故に卒《つい》に栄嗣なし（その一門栄えず）」と。

その説法が幽玄だったのではなく、その沈黙、その只管打坐が幽にして玄であったのである。その市隠、その和光同塵、雑踏にあって無心即安心を生きる存在そのものが幽にして玄であったのである。

皖公山に隠れていた時に僧璨《そうさん》なる弟子を得て、達磨の道を伝えた。弟子に向かって、「汝、吾が教えを受けてよろしく深山に処すべし。いまだ行化（説法）すべからず。まさに国に（法）難あるべし」と言って、弟子を山に残し、自らは山を下ったのである。やがて僧璨はその道を道信に伝え、道信は弘忍に伝え、弘忍はいわゆる六祖慧能に伝え、ここに中国禅宗の盛行を見るに至った。しかも僧璨以下の法孫はすべて深山にあって達磨の道を伝えたのである。

慧可は不思議な人であった。なぜ山を下り、再度都にもどり、雑踏の巷に身を投じたのか。汚辱と蔑視の中に入って無心即安心の実践を事としたのか。なぜ自ら法難を選び受難を選んだのか。不安の巷にこそ我は居なければならぬ、不安の人々と共に我は居なければならぬとする悲劇的な意志というものがあったとしていいのか。衆生病む、故に我病むとする維摩居士の大悲の決意があったとしていいのか。

慧可断臂はそのことをすべて象徴している。慧可断臂とは慧可の極限の意志の象徴である。巌窟の達磨を前にして、雪中佇立、「昔の人、道を求むるに、骨を敲き、髄を取り、血を刺して餓えを済い、髪を布いて、泥を掩い、崖に投じて虎を飼う。古、なおかくの如し。我れまた何人ぞや」と誓った慧可究極の悲劇的意志こそその人の生涯を貫き、そしてまた後の中国禅宗の修行者達すべての胸臆を貫いたものであった。慧可断臂から中国の禅宗は始まったのである。

第三章　李卓吾

一　松陰の先駆者

今回は李贄《りし》、字《あざな》を卓吾と称した人物を取り上げてみたい。中国の明王朝の中期から後期にかけて活躍した思想家である。その人の名前を知ったのは吉田松陰の最晩年の書簡を読んでいた時のことである。松陰が萩城下の野山獄中にあって弟子の入江杉蔵に宛てた手紙（『吉田松陰全集』第八巻・安政六年正月二十三日）の中に、次のような一節が出ていたのである。

この頃、李卓吾の文を読む。面白き事澤山ある中に「童心説」甚だ妙として、その説中の文章を引用して曰く、童心は真心なり。假人を以て、假言を言ひ、假事を事とし、假文を文とす。假言を以て假人と言へば、即ち假人喜ぶ。假事を以て假人と道《い》へば、即ち假人喜ぶ。假文を以て假人と談ずれば、即ち假人喜ぶ。假ならざる所なければ喜ばざる所なしと。

そして松陰は最後に「今の世事是れなり。中に一人の童心の者居れば衆の悪《にく》むも尤《もっと》もなことなり」と言った。

李卓吾は風神であり、雷神である。疾風であり、雷光である。触れるものをすべて薙ぎ倒し、焼き尽くすのである。松陰はその人と牢獄中にあって邂逅したのである。狂狷《きょうけん》の人は同じ狂狷の人をおびき寄せるのである。牢獄の人は同じ牢獄の人を思うのである。

「童心は真心なり。」

李卓吾は言い放つ。疾風の言葉であり、雷光の言葉である。次の「假人」以下の「假」を「偽」と言い直すならば、「偽人（にせ者）は偽《いつわ》りの言を吐き、偽りの事を行い、偽りの学問をする」と言い切り、さらに言葉を継いで、「偽りの言をもって偽人と語れば、偽人は喜び、偽り事をもって偽人と語れば、偽人は喜び、偽りの学問をもって偽人と語れば、偽人は喜ぶ。偽りでなければ喜ばず。」

李卓吾の言葉に躊躇も逡巡もない。直進であり、直光であり、一路邁進である。そして最後に松陰は断定する。

「今の世はすべてこれなり。中にたった一人の童心の者がおれば、世間はすべてそれを憎む」と。

松陰の中を李卓吾が走り抜けたのである。松陰の神経の中を李卓吾の雷光が赤々と突き抜けたのである。

松陰はこの童心、この真心をもって、安政六年十月二十七日刑死するまで、幕末の世を狂駆した。

二　野良犬の魂

それでは李卓吾とはどのような人物であり、どのような生涯を送ったのだろうか。

李卓吾は自らの生涯を振り返って、晩年次のように述べている。

「余は幼年より聖教を読んで聖教を知らず。孔子を尊んで孔夫子のなぜ尊ぶべきかを知らず。いわゆる矮子《わいし》の観場（小さな人の芝居見物）にて、人に随って説研し（説き研わめ）、人の声に和するのみ。かく、余は五十以前真の一犬なり。前犬が物に吠えるに因り、随って之に吠えるのみ。もし吠える理由を問われるならば、まさに唖然として自ら笑うばかりであった。五十以後大衰して死なんとするも、友朋の勤誨（友人の教え）を得るに因って、貝経《ばいきょう》（佛典）を翻閲し、幸いに生死の源において斑点を窺見し（一班を知り）、学庸（大学・中庸）の要旨を研窮し、その宗貫（本質）を知り、集めて道古の一録を作った。」（『続焚書』・巻之二、聖教小引）

五十以前のわが生涯は野良犬の生涯であると喝破したのである。五十以前のわが為すことは矮子の観場であると言い切ったのである。いわゆる小人《こびと》の芝居見物で、前に人がいるから芝居は見えない。前の人々に従い、人が笑えば笑い、人が泣けば泣き、芝居はこうでもあろうかと当て推量をするばかり、それと同じだと断言したのである。

自らを切って捨てるこの仮借なさ、自らを痛論するこの酷薄無残、李卓吾の童心とはかくのごときものである。李卓吾の真心とはかくのごときものである。疾風の言葉であり、雷光の言葉である。まず自らを裸にし自らを焼き尽くすのである。まず自らの中の偽人性、自らの中の偽者性を暴き立てて止まないのである。李卓吾にあっては真心とは真剣であり、真鏡そのものであった。自らを斬り、自らを照らし出すのである。逃げるところはない。

五十以前我は犬である。五十以後ようやく犬を脱して、わが内なる真心に目覚め、仏典を究め、大学中庸を究め、晩年ついに易を究めたと言うのである。

自らを犬と言った時、李卓吾は生涯「喪家の犬」（飼い主のいない犬）と言われ続けた孔子の一生を思い浮かべたことでもあろうか。もしそうだったとすれば、前半生のみ犬だったばかりか、後半生さえ犬として、しかも真心に目覚めた野良犬として、魂の泰山北斗を目指しつつ、果てなき曠野を彷徨ったと言っていいであろう。

仏典の背後に釈迦が、大学中庸の背後に孔子が、易の背後に老荘が居て、それを、一個の泰山北斗として、仰ぎ見、追い求め続けたことは間違いない。

孔子は喪家の犬である。李卓吾また喪家の犬である。孔子は「兕《じ》（奇獣）にあらず虎《こ》にあらずして曠野を彷徨う」と言い、卓吾は自らを「流寓客子」と称し、「世には大賢高品《こうぼん》（の人）にして流寓しなかったものはいない。」と言い切った。そしてまた「（わが）一生の不遇、大地を墨としても書き尽くせない」と言った。不遇とは遇わずであり、求めても求めても求めるものに遇わずであり、であればこそ生涯かけて曠野を彷徨うのである。

喪家の犬とは魂の飢えある人を言う。あるいは単に魂の人である。魂とは飢えの自覚そのものであるからである。李卓吾はそのような人であった。生涯に亘る喪家の犬であり、生涯に亘って魂の飢えを抱き続けた一個の野良犬であった。

三　李卓吾とは何する者ぞ

李卓吾（一五二七～一六〇二）は明王朝の嘉靖六年、福建省の泉州府に生まれた。海賊船が横行し、密貿易が行われ、西洋の宣教師やイスラム系の商人が往来し、様々な物品が輸出されると同時に輸入される商業と貿易の港町に生を受けたのである。明王朝の重農主義的な中央集権体制がもっとも緩んだ、そしてその制約をもっとも受けることのない、自由な土地に生まれたと言っていい。李卓吾の先祖には海外貿易にたずさわる者がおり、家系には「色目人《しきもくじん》」（イスラム系の人）の血が混じっていたとも言われている。

父は白斎、母は徐氏、卓吾は生まれてすぐに母を喪い、父と祖父母に育てられ、七歳、父より礼詩書（礼記・詩経・書経）を習う。二十六歳郷試に合格、二十九歳河南省共城の学校の教官、三十三歳南京の国子監（国立大学）の教官、後、北京の国子監の教官、四十七歳南京刑部主事に転任し、五十一歳雲南省姚安府の太守に任じられ、五十四歳にして退官した。

これが李卓吾自身が「五十以前真の一犬なり」と言った前半生である。その間父や祖父母の死に遭い、家族を持ち、子も何人か喪ったとしても、ほぼ大過なき役人生活であった。しかもそれを李卓吾は犬の生活と言い切るのである。魂の飢えがそう言わせるのである。すべては「假」であり「偽」であると言わせるのである。魂の深いところであの真心が胎動しているのである。疼き、蟠り、獅子身中の虫のごとく、身を蝕んでいたと見ていい。

そして五十四歳以後、放浪の生活が始まるのである。師を求め、朋友を求める生活が始まるのである。己の魂の飢えを満たすべき人物、さらには、その魂の飢えを共に分かち合い、共感し合える知己を求めて彷徨を続けるのである。心中の丸ごとの童心、丸ごとの真心を生き切るべく、そしてまたすでにそれを丸ごと生きていると確信できる朋友を求めて、諸国をうろつくのである。それは七十五歳で死ぬ日まで続く。『史記』にいわゆる「士は己を知る者のために死す」とする知己、あるいは孔子のいわゆる「己に勝る者を友とせよ」とする勝友を求め続けるのである。

李卓吾の生涯は「信」の一字に尽きる。仁義礼智信の中の最後の「信」である。信ずべき師友、信じるに値する師友を求め、そしてそのような師友をわれ自らまた信じ抜こうとする、その「信」の大義とその実践というものが李卓吾の生涯を貫いているのである。そしてその「信」の中にはすでに仁義礼智も含まれ、師友の中には孔子も孟子も王陽明も老子も荘子も釈迦も含まれているのである。あるいはさらに徹底して言えば、孔子が求め、孟子が求め、王陽明が求め、老子・荘子が求め、釈迦が求めたものを信じようとしたのである。ここまで来れば、その信は絶対の信である。

その意味で言えば、それは親鸞の信とほぼ同じである。究極、親鸞は阿弥陀仏を信じたのである。その信以外に親鸞はいない。その信をひたすら生きるのみであった。ただ一点決定的に違うところがあった。親鸞に有って李卓吾にないもの、つまりは絶対の信の対象たる阿弥陀仏が存在しなかったことである。これこそが李卓吾の生涯を暗く縁取り、あるいはその絶対の信というものを暗く輝かせたものに外ならない。絶対の信というものを抱きつつ、不在と欠如のただ中を、まさに野良犬のごとく彷徨し続けたのである。生涯に亘る「喪家の犬」と言った所以である。

李卓吾は王陽明の法孫であり、後世、陽明学左派と言われ、陽明学の終焉を飾るものと言われ、王陽明の良知の思想と実践をさらに徹底、信の一字をもって生き切ろうとしたが、時代は思想文化政治経済のすべての分野に亘って解体期であり、何もかも信ずべきものがなく、不信と懐疑と崩壊と孤立の中にあった。李卓吾もまたその中に生きたのであり、しかもその不信の時代にあって、信の大義を旗印にし、信の一字をもって一切を撫で切りにしたのである。一切の既成の価値、一切の既成の偶像を信の篩いに掛けて読み直し、考え直し、徹見し、解体したのである。西洋現代の言葉を使うならば、フランスの思想家ジャック・デリダのいわゆる解体構築（déconstruction）をたった一人敢行したのである。

このことの真の謂われを当時の世間の人も李卓吾の知人や朋友の誰れかれもさらには本人でさえも気が付かなかった。その辺の事を李卓吾自身がどう見ていたか、その文章から拾ってみよう。「自賛」に曰く、

その性（性格）は褊急、その色（顔つき）は矜高、その詞（言葉）は鄙俗、その心は狂癡、その行は率易（率直）、その交わりは寡《すくな》く、面見して親熱し、その人とともにするや、その過ちを求むるを好み、その長ずる所を悦ばず、その人を悪むや、すでにその人と絶ってまた終身その人を害せんと欲す。（中略）動けば物と違い、言えば心と違う。その人かくの如くして郷人（世間一般の人）みなこれを悪む。昔、子貢、夫子（孔子）に問うて曰く、郷人みなこれを悪むも如何せん。未だ可ならざるなりと（それでいい訳ではない）。居士（卓吾）の如きはそれ可ならんか（それでこそいい）。

（『焚書・巻之三・雑述』）

李卓吾の自賛とはかくのごときものである。すでにこれは自賛ではなくして自壊とでも言うべきものである。絶対の信を目指し、自己の中に信じるに値するものを求めつつ、自己解体した果てに、信ずべきものが何もない自己の姿を褊急（性急）とし、矜高とし、狂癡とし、人を容れず、人の悪を責め、人の長所を認めないが故に狂狷とし、そのことによって、世間の人すべての憎しみを受けるに至るのも当然であるとしたのである。

自己をよく知ったものの言葉である。しかし同時にまた真の自己にいまだ気が付いていないものの言葉である。自分の性癖や性格や欠点の指摘なり指弾なりに急にして、そこに働いている批判精神の普遍性ないしは未来性というものに気が付いていないからである。それこそが李卓吾をして真に李卓吾たらしめた究極のあり方であるからである。

始まりの人は汚辱と誤解と悲劇の中に巻き込まれつつ突き進む外はない己の道が後世どのような普遍の大道へと繋がっていくかということに気が付いていないのである。自らの普遍性と未来性に気が付いていないのである。

李卓吾は絶対の信に値するものをひたすら求める魂の飢えに貫かれつつ、北京を放浪し、南京を放浪し、やがて湖北省麻城の芝佛院に足を留め、流寓し、仮寓して、そこにおいて、ついに、二大主著たる『焚書』と『蔵書』とを完成した。いずれも風神の書であり、雷神の書である。自他共に裸形にする疾風の書であり、自他共に焼き尽くす雷光の書である。絶対の信と魂の飢えに基づく批判の書であり、曠野を行く真の野良犬の書である。中国始めての解体構築（déconstruction）の書でもあった。『焚書』は李卓吾生涯に亘る書簡・詩・歴史・批評等の集大成であり、『蔵書』は『史記』を範とする一個のまったく新しい歴史書であった。

ちなみに、『焚書』および『蔵書』という書名は李卓吾特異な命名であって、前者は秦の始皇帝の時代に起こったいわゆる「焚書坑儒」（儒者の書物を焚書にし儒者を坑に埋めた事件）から取ったもので、自ら焚書に値する書物としたもの、後者は世間に発表せず山や地下に隠し蔵して置くべき書物としたものである。世間の一切の批判を先取りするがごとき、人を食った空前絶後の予言的な命名行為であった。

四　魂の書

獄中にあって最晩年の吉田松陰に決定的に影響を与えた李卓吾の「童心説」（『焚

書』・巻之三・雑述）からもう一度文章を引いてみたいと思う。

それ童心とは真心なり。童心を以て不可とするならば、真心をも不可とするなり。それ童心とは絶假純真（偽を絶った純真）にして、初一念の本心なり。もし童心を失却すれば真心を失却し、真心を失却すれば真人を失却す。人にして真にあらざれば、まったく（人としての）初め有らざるなり。（中略）童心すでに障《ふさが》れば、ここより発して言語を為すも、言語は衷心に由らず。出でて政治を為すも、政治に根底なし。著して文辞を為すも文辞は達する能わず。（中略）天下の至文は童心より出でざるものあらざるなり。

疾風の文章であり、雷光の文章である。何一つ迷いなく、一路邁進、逡巡も躊躇もない。そしてこの絶假純真の童心をもって、古来のすべての思想、すべての思想家を検討し、批判し、読み直し、考え直し、徹底、取捨選択を敢行したのである。四書五経、孔孟と老荘、諸子百家、史記を初めとするすべての歴史書、釈迦と佛教、その他、すべての歴史上の人物たちを忌憚なき批判の俎上に載せたのである。それを録したものが『焚書』であり『蔵書』に外ならなかった。

そして「童心説」の最後に至って、「ああ、われ、いずくんぞ真正の大聖人にしていまだ童心を失わざる者を得て、その人と語ることができようか。」と詠嘆した。

李卓吾とは童心と詠嘆である。絶假純真の童心を自らに抱き、かつその絶対の童心者を歴史上に求めつつ、しかも生涯その人に遇うことのなかった詠嘆の人である。

李卓吾には魂の深淵があった。汲み尽くすことのできない深淵のごとき魂の飢えがあった。そこからしてすべての憤激と悲嘆の文章が噴出してきたのである。

そのことを李卓吾語って曰く（『焚書』・巻之三・雑述）、

そもそも世の真に文を能くする者は初めから文を作ろうとするのではない。その胸中に形なくして怪しむべき事があり、その喉に吐こうとして吐くべからざる事があり、その口に語ろうとする事があってしかも語る相手がなく、ついにその鬱積久しくして、勢い止まず、一旦、景を見、情を生じるや、触目、嘆を発するに至る。他人の酒杯を奪ってでも、その中に自己の塁塊（鬱情）を注ぐがごとく、心中の不平を訴え、数奇（己の数奇の運命）を千載（の歴史）に感じるに至るのである。すでに噴玉唾珠、雲漢（天上）に昭回し、天上に章《あや》を為し、ついにはまた自負して、発狂大叫、流涕慟哭、自ずから止むことあたわず。むしろ見る者聞く者をして切歯咬牙して、殺そうとし割こうとするに至らしめ、そしてついには忍びずして名山に蔵し、これを水火に投ぜしむるに至るのである。

独自かつ空前絶後の文章論である。『焚書』とは発狂大叫、流涕慟哭、自己の鬱然たる塁塊を注いだものであり、『蔵書』とは己の数奇の運命を千載の歴史の中に辿り直し感じ直したものである。全編、噴玉唾珠である。雲漢に駆け上っては鬼神をも泣かしめ、地に下っては、俗人をして切歯咬牙して、その人を扼殺せしめようとするに至るのである。

李卓吾の文章はすべての人の深い無意識に突き刺さる。その人の琴線に触れるか、その人の逆鱗に触れるかするのである。深いところに眠る魂の飢えを触発するからである。人はそれを怖れる。それを忌避する。それは日常の習慣と安住と己の従う既成の価値体系を脅かすからである。すべての人は魂の飢えを持っている。しかしそれを自覚するものは少数である。大半はそれを自覚しないかあるいはそれを自覚するのを怖れる。したがって、それを自覚させて憚らない李卓吾の文章を大半の者は怖れかつ憎むに至る。ほんの少数者だけが、李卓吾と共に、己の魂の飢えを抱き、かつそれを克服すべく、魂の彷徨の旅に出発するのである。

五　未来隠者

湖北省麻城の芝佛院に僧侶となって逼塞していた李卓吾を、官憲はその土地の良風美俗を壊乱し、人心を惑乱する者として逮捕、獄中に投じたのである。その時李卓吾はすでに七十五歳であった。弟子は数十人を数え、中に女性までいたとされ、儒者にして僧侶、『焚書』、『蔵書』を著して、独自の批判精神をもって、儒教を初めとする既成の価値体系を再検討する、その忌憚なき過激さを弾劾されたのである。

李卓吾、獄中にあって、絶望、一夜、弟子より差し入れた剃刀をもって、自らの喉を切って果てた。発作的な死とも覚悟の死とも言われたが、その真因は不明である。

李卓吾の真姿はこの獄中死のところにはない。あくまで『焚書』と『蔵書』の中にある。彼は同じ解体期にあった後漢から魏晋の時代に生きたいわゆる竹林の七賢人に憧れ、その人たちを中心として当時のあらゆる人々の伝記を集めた『世説新語』をもっとも高く評価し、それに基づいて主著『蔵書』を書いたとされる。竹林の七賢人たる嵆康《けいこう》と阮籍《げんせき》をもってわが同胞としわが意中の人としたごとくであり、「剛腸疾《ごうちょうしつ》悪《お》」（剛腹で悪を憎む）と自称し、魏王朝の一族として、それを滅ぼした晋王朝に楯突いて、官憲に逮捕され、琴を弾きつつ刑死した嵆康をわが前身とし、同じ時代を生きて、詩に隠れ、酒に隠れ、晋王朝の誘いにも乗らず、弾劾もされずに生き延びたその友、阮籍を秘かに憧れたごとくであった。

李卓吾は『蔵書』の最後に「外臣伝」として一種の隠者論を書いている。遺書とも未来記とも取れる文章である。隠者を「時隠」、「身隠」、「心隠」、「吏隠」の四段階に分けて論じたのである。「時隠」とは論語にいわゆる「邦に道あれば出で、邦に道なければ隠れる」という一時的な隠者であり、「身隠」とは身は隠れても心は世間を歎き民を思う隠者であり、荘子や陶淵明はこの種の隠者とした。「心隠」は身も心も隠れた人たちであって、阮籍や李白などがこの種の隠者であるとした。最後の「吏隠」は「ああ、それ、大隠にして朝市（朝廷や市場）に居る、東方朔（漢の武帝に仕えた道化師的な存在）はその人なり」とした。吏隠とは官吏の吏であり、世俗にあって、役人となりあるいは何らかの職につきながら、言わば、「隠」の跡をどこにも現さず、市井に隠れる隠者である。

李卓吾は最後の吏隠を理想とした。言わば、不可能を理想としたのである。自らはそれに成れずとしても、魂の飢えを抱きつつ、世俗の中に埋もれて、何食わぬ顔をして、己の志、己の理想を、つまりは、己の魂の飢えの成就を、未来に託そうとしたのである。

真の隠者とは未来に隠れる者を言うのである。ただの無名の人として、現実のどこにも属さず、秘かに、たった一人、未来に隠れる者を言うのである。

李卓吾は生涯汚辱と誤解と悲劇の中に葬られたが、そうであればこそ、李卓吾は真隠であって、一切を挙げて、未来に隠れたのである。

当時の一般民衆はもとより、やや時代が下った明末清初の革新的な思想家たる黄宗羲や顧炎武や王船山などからも理解されず、さらに時代が下って、清末民初、詩人の龔自珍《きょうじちん》（その祖父は清朝最大の言語学者段玉裁）や革命家の譚嗣同に至って始めて、その志が受け継がれ、その真姿が理解されるに至ったのである。

龔自珍の『尊隠』（隠者を尊ぶ）という文章の末尾に曰く、

その声は声なく、その行動は名付くべくもなく、その大いなる憂いは追跡すべき軌道なく、その大いなる悩みは際限なく、その大いなる傲慢さは打ちひしがれたもののごとく、その大いなる心痛は安息するもののごとく、その居るや形の認めるなく、光彩陸離でありながら、しかもそれを捕捉しようとすれば杳冥《あんめい》として方角がたたない。後世の史官がそのものを追求しようとして、七たび捜し求めても、ついに見つけ出すことはできない。悲しいかな。されば、それを縦隠（縦の隠者、時間からの隠者ないしは歴史からの隠者）とも名付けるのである。

縦隠とは未来に隠れる者と言い換えてもいいだろう。これこそは李卓吾の今まで隠れて見えなかった真姿でなくて何であろうか。あるいは李卓吾の理想とした真隠でなくて何であろうか。李卓吾は未来隠者であった。

第四章　譚嗣同

一　中国の吉田松陰

譚嗣同《たんしどう》は中国は清王朝末期の動乱時代を生きた人物である。一八六五年に生まれ、一八九八年に死んだ。享年三十三歳、まさに夭折としか言いようのない一生であった。

譚嗣同は中国の吉田松陰である。前者は清王朝末期を生き、後者は江戸時代の幕末を生き、共に維新を夢見つつ維新を見ることなく死んだ魂の革命家であった。前者は三十三歳、後者は三十歳、いずれも当局に捕らわれ斬首された。

朝《あした》に道を聞けば、夕べに死すとも可なりとする、旭日のごとき一生を生きた。己の中にいまだ生まれざる曙を見て、その曙を信じ、その曙を生き抜いて散った曙の人である。

両者とも一個の悲痛なる永遠のドン・キホーテである。醒め切っていながらどこか狂、狂でありながら徹底的に醒め切っているのである。それはきわめて些細な事柄の中にも現れている。譚嗣同は自分の書斎に「虫虫虫天之微大弘孤精舎」と名付けた。どことなくおかしい。しかも本人は大真面目のようである。「虫虫虫天」とは『荘子』（雑篇・「庚桑楚」）の本から出ていて、「虫だけが無心に虫であることができ、虫だけが天に従って生きることができる」という言葉から取ったものだという。そしてまた「微大弘孤」とは微と大、弘と孤つまり広と狭の反対語同志であり、その矛盾対立を融通無碍に生きる生き方を表した言葉であった。いずれにせよ、自分の人間としての理想を虫になぞらえ、その書斎に「虫虫虫天」と名付けたのであり、飄逸にしてしかも深奥の教養と摩訶不思議な感性との結合を感じさせるものである。

他方、吉田松陰においては、ある時期の書簡の署名に「二十一回猛士」という号が用いられていて、読むたびに、ある種の狂的な滑稽さを感じさせたものである。しかも松陰は「二十一回猛士の説」という文章まで書いていて、夢に神人が現れて、その名を与えたとして、二十一回とは吉田の吉は十一と口、田は十と口、その数を加えれば二十一、その口を加えれば回となすとあり、猛士とは自分の名前は寅次郎であり、寅とは虎であって、その性は猛だとして、曰く「吾れ卑微にして孱弱《せんじゃく》、虎の猛を以て師と為すに非ずんば、いずくんぞ士たることを得ん」と言って、自分は今まで三度虎となったが、失敗挫折、以後なお十八回虎となって奮闘しなければならぬとしたのである。

譚嗣同の「虫虫虫天」、松陰の「二十一回猛士」、いずれの言葉も、前者は虫となり、後者は虎となって、天命を尽くし、天命を生き抜く我が道への、絶えざる鼓舞激励の言葉であったと言っていい。

そして両者ともその言葉を言っただけではなく、その言葉を生き切ったのである。その言葉の命ずるままに、言わば、悲劇的な磁場というものを生き抜いたのである。

二　革命われより始めん

譚嗣同、字《あざな》は復生、号を壮飛、湖南省瀏陽《りゅうよう》の人である。父は湖北巡撫（湖北省の地方長官）、幼にして母を失い、継母の下にあって、孤児としての辛酸をつぶさに嘗めたとされる。

清王朝下での出世コースたる科挙に応じることなく、一時軍隊に属するが、退役、後の十年、中国全土をくまなく歩き、地勢を調べ、豪傑の士を求めた。人となり豪放なること天地を揺るがすほどであって、しかも、生来、任侠を好み、剣術に秀でたとあれば、若くして、反官反権威、反骨の精神の持ち主だったことが分かる。

　北京に南海先生康有為という豪傑の士のあることを聞いて、ただちに上京したが、不幸にして、会えず、しかも生涯その人の「私淑の弟子」と称し、絶大な影響を受けた。その大同の思想、変法（制度改革）の思想は、以後、譚嗣同の骨格となった。

　南海先生曰く、

「現在、わが中国においては、動かないことをもって大なりとし、一事としてよく振興せず、民は窮乏して財は涸渇し、兵は弱体、士は愚昧……日に日に国土は割《さ》かれ、主権は剝がれ、命門の火は衰え、冷え、枯れ、縮まり、乾いて、臨終も間近いというありさまである。これを救う方法としては、ただ心の熱力を増すことあるのみである。」

「すべてのものは熱すれば生じ、熱すれば栄え、熱すれば漲《みなぎ》り、熱すれば運動するのであり、ゆえに熱しなければ冷え、冷えれば縮まり、枯れ、乾き、夭死するのである。これは自然の道理である。」

「（日本の維新の大業は、その初めにおいては）無位無官の高山彦九郎によって為しとげられたのである。彦九郎は、国が衰微しつつあるのに変法しえないことを悲しみ、会う人ごとに泣いて訴え、ついに慟哭して死んだ。……ああ、日本の政治が隆盛強大になったのは、権なく勇なく智なく術なき一書生（高山彦九郎）がやったのだということを誰が知っていようか。けだし、万物はすべて熱力によって生ずるのである。」

南海先生康有為とはこのような人である。そしてその熱誠、その迫真がまさに譚嗣同を立たしめたのである。

譚嗣同は南海先生に会わず、代わりにその弟子の梁啓超に会った。先生組織するところの強学会の書記をした人物である。たちまち意気投合、生涯の同志となった。以後、譚嗣同は故郷湖南に帰り、一挙に活動の場を広げる。改革派の巡撫らと共に、時務学堂、武備学堂、南学会等を組織して、人材の育成と結集を企てた。梁啓超（『譚嗣同伝』）によれば、

「君は（南学会の）学長として、講演の任に当たった。会のたびに千数百人が集まった。君は慷慨して天下の事を論じ、聞く者はひとしく感動させられた。かくて湖南全省は、風気、大いに開けたが、その多くは君の功に負うものであった。」

その活躍振りはやがて北京の朝廷にまで達し、参内を要請されて、光緒帝《こうちょてい》より御下

問あり、その信任を得た。ついに、皇帝は譚嗣同を軍機章京（清朝における国政の最高機関たる軍機処）の官を授け、他の三人の人物と共に新政に参与した。世に軍機四卿と称された。

光緒帝は南海先生康有為を宰相に用いて、新政改革を進めようとしたとされるが、康有為をはなはだ忌む光緒帝の母西太后とその保守派の重臣たちを怖れて、用いることはできなかった。

光緒帝は代わりに康有為の弟子たちを用いたのである。譚嗣同らは師の意を体して、皇帝と共に改革を進めようとしたが、皇帝にはいまだ実権はなく、西太后とその保守派にそれは握られていて、改革はことごとく失敗に帰する。母たる西太后を廃することこそ改革の最大の第一歩であるはずだったが、心優しき光緒帝にはそれができなかった。

ここでついに譚嗣同らは軍閥袁世凱《えんせいがい》を動かそうと諮る。光緒帝と共に改革運動を進めることをすでに内諾していた袁世凱を動かして、西太后ら旧朝廷グループとその配下にあって一大軍事力を保持している最大の軍閥栄祿に対して軍事クーデターを決行させようと企図したのである。

しかし謀議は発覚した。敵方の軍閥栄祿の知るところとなり、たちまち垂簾の論

（西太后が光緒帝に代わって政治を行うという上諭）が下った。そしてまた譚嗣同らを陰で操るとされた康有為の逮捕状が出された。風雲急を告げ、譚嗣同らの逮捕も間近に迫ったのである。

康有為の理想を実現すべく改革運動を譚嗣同らと共に進めていた梁啓超は、自らにも危険が迫る中、譚嗣同と共に、最後の数日間を過ごしたが、その間のことを記して、曰く、

君は従容として余に語った。『わたしはもはやなすべき事もなく、ただ死を待つのみである。足下は試みに日本大使館に行かれ、伊藤氏に面会され、上海領事に電報して先生を救われよ』。余はこの晩、日本公使館にとまった。君は終日門を出でず、捕吏を待った。捕吏が来なかったので、翌日、日本公使館に行き、余と会って、渡日（日本亡命）をすすめ、携えてきた著書と詩文の原稿数冊、家書一箱を余に託した。『行く者がなければ将来の計を立つべくもなく、死する者がなければ、聖主に酬いるべくもない。今、南海（先生）の生死のほどはわからぬ。僧月照と西郷隆盛の任務を私と足下とで分担したい』そこで相ともに抱擁して別れた。……かくて十日、譚嗣同は逮捕せられた。逮捕の前日、日本の志士数人が君に渡日をねんごろにすすめたが、

君は受け入れなかった。再三再四、強いると、君は『各国の変法は流血によって完成しなかったものはない。今日、中国では変法に因って血を流したものあるを聞かぬ。国がさかんにならないのはそのゆえである。このことは、請う、（譚）嗣同より始めん』。ついに行かず、そのゆえに遭難に至ったのである。君は獄につながれてのち、獄壁に一詩を題した。曰く、

望門投宿　張倹を思う
死を忍ぶこと須臾《しゅゆ》（一瞬）　杜根を待つ
我は自ら刀を横たえ　天に向いて笑う
肝胆を去留す　両崑崙《こんろん》

けだし南海（先生）を思うのであろう。八月十三日、市（北京宣武門外菜市口）において斬らる。年三十三。斬らるる日、観る者万人、君は慷慨し、顔色はいささかも変じなかった。時に軍機大臣剛毅が処刑に立ち会った。君は剛を呼びすすみ出て「一言いいたい」といったが、剛はとりあわず、ついに従容として殺された。ああ、何たる壮烈ぞ。（『譚嗣同伝』）

これが中国において世に言う「百日維新」崩壊の核心的な部分である。あるいはその貴重な歴史的証言である。

譚嗣同にあっては覚悟の死である。逃げなかったのである。友には亡命を促し、自らは捕吏を待った。日本の志士は亡命を薦めたが、敢然としてそれを拒否した。「天下の事は不可能なことを知りながらもやる」としたのである。「すべての変法改革は流血によって成る」と断言、「我よりそれを始めん」と決意したのである。確乎として抜くべからざる決意である。朝に道を聞けば夕べに死すとも可なりとする旭日者の決断である。

あの「虫虫虫天」を生き切ったとしていいだろうか。「虫だけが無心に虫であることができ、虫だけが天に従って生きることができる」とした、言わば、天虫の一生がここにあったとしてもいいだろうか。

しかも虫とは現今普通に使われている虫の意味に留まらず、本来、爬虫類をも含意していたとすれば、譚嗣同にあっては、暗に、蛇をも含め、龍をも含めて、用いたと言ってもよく、とすれば、この時、譚嗣同は、たとえ身は斬られるとも、魂魄、白蛇となり、白龍となって、天に駆け上ったのであるとも言えるだろう。

先ほど引いた獄中詩の中の張倹と杜根は後漢の高士にして時の権力者によって葬られた者、両崐崙とは二つの高山にして、康有為と嗣同の剣術の師を差しているとされるが、単刀直入に言えば、崐崙とは天であり、「我が魂魄、天に一任す」と言い切って構わないだろう。であれば、その詩は、

死を忍ぶこと一瞬、すでに我は刀を横たえ、天に向かって笑うのみ、我が魂魄、天に一任す、と言い換えることも可能なはずであった。

そしてこの悲志、この悲痛あってこそ始めて、後の志士仁人たちは奮起したのであり、同志梁啓超は日本に亡命、盛んに論陣を張って、変法思想をさらに過激化した革命思想を鼓吹、譚嗣同の遺志を継ぎ、その主著たる『仁学』を日本にあって雑誌『清議報』に発表し、さらには、他に比類すべくもない『譚嗣同伝』を書き、名著の誉れ高い『清代学術概論』を書いて、譚嗣同を顕彰した。

その中に曰く、

(譚嗣同を清末思想界の彗星と称えた上で)譚嗣同が処刑されたのは、年わずか三十三歳であった。いますこし生きていたならば、その学のゆきつくところは測りしれないものがあったであろう。わずかこのささやかな一巻(『仁学』)をのこし、しばし万

丈の光芒を放ったのみで一瞥ののちに逝いてしまったが、その旧物をきれいに掃蕩した力は、比すべきものを知らぬ。わたくしは、そのゆえに、かれを彗星になぞらえたのである。

梁啓超は我が友譚嗣同の早世を限りなく惜しみ、亡命以後の我が延命の生涯を慚愧に堪えないものとさえしたのである。

そしてまた、譚嗣同、梁啓超の後を継いだ革命思想家・章炳麟《しょうへいりん》（日本に亡命、後に、魯迅の師となる）は『革命の道徳』の中で、「戊戌《ぼじゅつ》変法では、ただ譚嗣同、楊深秀（いずれも刑死）だけが卓絶、激烈、死を恐れなかった」として、その死を悼み、

もしも革命の人材は得がたいから戦場で命を落とさせたくない、というならば、それは、困難な事業はもちろん一人で担うものではなく、首謀者は常に敗北し、成功するのは必ず後を継いで立ち上がった人だ、ということが分からないのだ。また人材は自然に生まれるものではなく、もとより人事（先人の死）に感動して奮起するものである。前の人が中国のために一身を犠牲にし、後の人がその手本を慕い、その足跡を

踏む。こうして人材はますます多くなるのだ。

これこそは譚嗣同の遺志を正しく受け継いだ者の発言でなくして何であろう。『仁学』（岩波文庫所収）の翻訳者の解説によれば、「若き日の毛沢東ら湖南の青年たちが『譚嗣同の英霊が宇宙に満ち、二度と死滅すべくもない』と記していたことに象徴されるように、譚嗣同はむしろ、民族の魂として、若き志士たちの深層で影響力をもち、彼らを鼓舞していたといえる。」

三　奇跡の書『仁学』の誕生

譚嗣同は『仁学』一巻を同志梁啓超に託して死んだ。それはやがて梁啓超によって日本において出版される。

こうして光彩陸離たる奇蹟の書『仁学』が誕生した。康有為の大同・変法の思想を骨子とし、幼少よりの師であった欧陽中鵠《ちゅうこう》の下にあって学んだ孔孟、老荘、諸子百家（特に墨子）、易学（特に明末清初の反骨の哲人にして大隠たる王船山の易学と気の哲学）等を自家薬籠中の物となし、さらに、後年、南京において出逢った金陵刻経処の楊文会先生より学んだ仏教（特に、華厳経、唯識哲学、禅宗等）を加え、当時流入しつつあった西洋思想特にその科学知識を含めて、古今東西の文化文明を打って一丸として混然成った一代の傑作であった。

その自序において著者はまず次のように述べた。

「仁」は「二」と「人」でできていて、人と人との関係という意味である。「元」（原初）は「二」と「儿《じん》」でできており、「儿」は人の字の古体であって、これも「仁」である。「无《む》」（無と同じ）は後漢の許慎が「元」に通ずるのが「无」だと説明しており、「无」も「二」と「人」でできていて、やはり「仁」である。このように、仁のはなしには「元」がわからねばならず、そしてそのはたらきの究極は「无（無）」なのである。

仁の元を身につけ、自在に无（無）に通じた三人がいる。仏陀であり、孔子であり、イエスである。

単刀直入である。逡巡も停滞もない。仁と元と无（無）とを同一と見なし、それを体現、生き切った人が釈迦・孔子・イエスだと断じたのである。

『仁学』はこの自序の冒頭の文章においてすでに言い尽くされている。人は仁を生きることによって人であり、そして仁を生きるとは宇宙の元つまりは宇宙の始まりを生きることであり、宇宙の元を生きるとは宇宙の无（無）を生きることであると喝破したとしてもいい。

仁とは何か。「仁学の原理」によれば、

一　仁の第一義は通（貫通、感通）である。以太（エーテル）といい、電といい、心力というのはいずれも通のあらわれるかたちの表示である。（エーテルとは宇宙の千変万化の働きを示す「気」というものを西洋的に言い換えたものと見ていいだろう。）

一　通の意味は「大道は一つであって、すべてに通じている」（『荘子』・斉物論）というのがよくまとめている。

一　仁は天地万物の根源である。だから万法は唯心であり唯識である。

一　仁は「こそとの音もなく動きもなくして、天下の万事に感通する」（易、繫辞伝）

仁とは通であり、通じ合うことだというのである。人と我、自と他、上と下、男と女、人間と自然、人間と宇宙等、すべてに亘って、境界なく通じ合うことだとしたのである。あるいは、あらゆる区別、あらゆる境界、あらゆる自他の区別もない、大道一貫、万物一体を仁というと言ったと見ていい。

したがって別のところで、次のようにも言うのである。

天地の間はまことに仁である。仏陀が『百千万億の恒河沙数（ガンジス川の砂の数）の世界において、取るに足らぬ衆生が起こした一念でもわれは知る。雨一滴の微小なものもその数がわかる』といったのはなにも不思議ではない。仁が完全なときは当然すべてが知れるのである。髪一本ひっぱっても全身が動く。これは生きた人間には知れるし、死人には知れない。指一本のきずが一日中不愉快である。これは血脈がゆき通っているものには知れるし、麻痺しているものには知れない。天地万物も人我（人と我）も通じて一身でないものには、通じているものには知れることが想像を超える不可思議なのである。じっさい、通じて一身であるならば、すべてが知れるのはあたりまえなのだ。知と不知とは仁か不仁かで分かれる。天地の間はまことに仁であるのであって、とくに智の議論をすることはない。

一読明解、一点の曇りもない。譚嗣同は澄徹している。

さらに「(中国の)医家では麻痺してしびれていることを不仁と呼んでいる」とした上で、次のように言った。

このように、仁と不仁との区別は通と塞《そく》(不通)としてあらわれ、通か塞かの本は仁と不仁なのである。通というのは電線がどんな遠いところにまでも張りめぐらされているように、別の区域も一つの身と同然なのである。じっさい『易』(『易経』の冒頭の第一卦の言葉「元亨利貞《げんこうりてい》」を引いて)でも、はじめに「元」とあり続いて「亨《こう》」といっているが、元とは仁のこと、亨とは(亨《とお》るであるから)通のことである。仁といえばどこのいずれにも通じていることであり、通であることが仁のすべてなのである。こうしてこそ自分にも他にも「利」(よろしい)であり、そして「貞」(その所を得る)であってゆらぐことがないのだ。

『易経』の冒頭の第一卦は宇宙の始まりを告げた言葉であり、そして宇宙の始まりとは「元亨利貞」であった。仁であり通であると譚嗣同は言い切ったのである。

しかも宇宙の始まりとは今から何十億年も前の過去のことではなく、即今ただ今のことであり、現在とはつねに宇宙の始まりであり、元亨利貞であると断言したと言ってもいいのである。我々はつねに宇宙の始まりを生き、元亨利貞を生き、仁を生き、通を生きているのである。

しかもそう見えず、そう自覚できず、至るところに不仁を見、不通を見、麻痺、閉塞、束縛、差別、敵対、分裂等を見、それしか自覚できないというのは、我々の側の不仁の悪しき習性、自他を区別するあらゆる妄想分別の我執に基づくとしたのである。

そして譚嗣同は人間の持つそのような悪しき不仁の習性、自他区別の妄想分別を「網羅《もうら》」と呼んで、それを「衝決」（突破・克服）しなければならぬとしたのであり、しかも譚嗣同の譚嗣同たる所以のものは、そのような網羅はかならず衝決できるとした上で、それが可能なのは網羅がもともとなかったからであって、実のところ網羅などないからこそ衝決ということがありうるのだと、したがって、網羅を衝決したとは、実は網羅の衝決などしていないということなのである、と断定したことである。

ここには譚嗣同の空の実践哲学がある、瞬間瞬間色即是空を生きる精神があると言ってもいいだろうが、ここの文脈の中で言えば、譚嗣同はあくまで宇宙の始まりを生きているのであり、元亨利貞を生きているのである。宇宙はどこまでも仁であり、どこまでも通じ合っていると信じ切って揺らぐことがないのである。

譚嗣同はつねに仁のところにいて不仁のところにいない。この人生、この社会にあって、あらゆる不仁、あらゆる束縛、あらゆる閉塞状況にあっても、それは人間の妄想分別が生み出したものと見て、どこまでも仁を通し、通じ合うことができるとしたのである。あらゆる敵を敵と見ず、あらゆる不幸を不幸と見ず、死さえ死と見ず、そこにも仁を見、仁を通し、そこにあって仁の大道を生きたのである。

『仁学』一巻は仁を説き不仁を説き、古今東西のあらゆる思想を自家薬籠中の物となして駆使しながら、仁と不仁の弁証法とでもいうべきものを説き来たり説き去ったのである。

『仁学』は若々しい情熱をもって宇宙の始まりを語った。しかも一瞬一瞬の今が宇宙の始まりであることを語ったのである。宇宙は仁であり通であり円環をなして通じ合っていると語って倦まなかった。

そして譚嗣同は『仁学』を語っただけではなく、『仁学』を生きたのである。不仁ないしは麻痺の最たるものは死である。しかもその死に対しても仁を見たのである。その死の中に不死を見たと言っていい。

譚嗣同の摩訶不思議である。その人の深奥の哲理の存するところである。

四　われ奇男児を失いたり

最後に、譚嗣同が自ら「私淑の弟子」として師と仰いだ康有為は弟子の刑死を悼み、尽きせぬ思いを『六哀詩』の中に託したが、その最初の詩において次のように歌った。

復生　奇男児
神剣　光瑩《こうえい》を吐き
長虹　白日を亘り
紫瀾　蒼溟を捲く
（復生は譚嗣同、光瑩は光閃、紫瀾は紫の波、蒼溟は蒼海）

この手放しの賛辞の中に、譚嗣同の刑死がいかに康有為の精神を深く震撼させたかが窺える。弟子の覚悟の死に出逢って、無限の慚愧と悔恨と惜別の情が止めどなく流出して止まなかったのである。

我が弟子譚嗣同は男児の中の奇男児、剣の中の神剣、虹の中の長虹、波の中の紫瀾であると言い切ったのである。すべて異常である。すべて奇蹟である。この奇・神・長・紫の四字こそ譚嗣同の魂魄の神韻を伝えるものでなくして何であろうか。

革命は流血によって成る。嗣同より始めん。

この一事、この一語の中に譚嗣同のすべてがある。この暴挙、この狂の中にこそ譚嗣同のすべてがある。この一点を除いて譚嗣同はいない。

暗夜に一瞬神剣は光を吐いて消えたのである。

(二) 日本編

第五章　最　澄

一　最澄は最悲である、故に最澄である

最澄は悲願の人である。果てのない、窮め尽くすことのできない願に賭けた人である。道なき道を行き、つねに激流に身を投じた人である。ひたすらで、まっすぐで、どこか悲しく、どこか滑稽で、つねにもっとも困難な道を選び、もっとも悲しき道を選んだ人である。最澄とは最悲である。

世に、イエスは悲しき人と言われ、ドン・キホーテは憂い顔の騎士と言われた。それとまったく同じ意味において、最澄もまた悲しき人であり、憂い顔の騎士であった。

そのことは一乗寺（兵庫県加西市）に残された肖像画に歴々として顕れている。椅

子に腰掛け、白い布をもって頭部を覆い、黒い袈裟に身を包んだ姿、顔はどこまでも白く、どこまでも澄み渡り、目は蒼い筋となって閉じられ、黙して語らない。聖顔である。聖痕である。世にこれほど白い顔があったろうか。世にこれほど深い顔があったろうか。闇の中から、しかも完全な闇ではない、新月のごとき、かすかな光の漂う闇の中から、それはほおっと浮かび上がる。限りなく闇に近い白、闇の中から始めて出現した白。光ではない、光よりももっと純粋な白、遠い、遥かな宇宙の闇から放たれ、ようやくにして、ここにたどり着いた、深い、老いた、白い光。最澄の顔とはそのような極北の白を湛えた顔である。最澄の生涯もまたそのことを証して余りあるものがある。

最澄は悲しみの道をまっすぐに歩いた人である。イエスが歩いた、あの悲しみの道、処刑場たるゴルゴダの丘を目指して、十字架を背負いつつ歩いた、あのヴィア・ドロローサ（悲しみの道）を、別な意味において、最澄もまた歩いたのである。十字架そのものではないとしても、目に見えない十字架とでも言うべき、あの悲願を背負いつつ、同じ悲しみの道を歩いたのである。

始まりの人はつねにそういう人である。果てのない悲願を背負って、悲しみの道を歩むのである。

二　最澄は最濁である、故に最澄である

最澄は二十歳の時に願文《がんもん》を書いた。すでに奈良の東大寺において修行成り、戒壇に登って、具足戒を受け、正式の僧侶たる資格を得たのであり、やがては奈良仏教の指導者と成る洋々たる未来が開けていたはずであった。最澄はそれを捨てた。国家仏教としての奈良の仏教を捨てたのである。それは単に国家仏教を否定したのみでなく、自らが習い来たった旧来の仏教そのものを否定し、さらには、それを良しとして生きてきた自らの人生さえも否定したのである。言わば、国家とか社会とか仏教とかの外なるものを否定しただけではなく、それに対する己、内なるものをさえ否定したのである。

この自己否定の徹底は尋常ではない。これが最澄の最澄たる所以であり、最澄の始まりの人たる所以でもあった。その宣言書こそが願文であった。

最澄は都を捨てたのである。今までの仏教を捨てたのである。ある意味で、己の将来を絶ったと言っていい。誠に不思議な決断であった。両親の期待、一族の期待、師友の期待を一切裏切って、郷里たる琵琶湖畔の坂本の地にもどったのである。しかも

単に里帰りをしたというのではなく、里の真西に聳える比叡の山に籠もったのである。そこはかつて父親が世継ぎの誕生を願って、山中に庵を設け、参籠した山であり、その庵に自らもまた籠もったのである。

最澄は一切を脱ぎ捨てた。裸一貫となった。痛々しく、赤裸に、抜き身の魂となって、山中に身を捨てたのである。たとえここで父が祈り、母がその麓でわが肉体を生んだとしても、まだ真の自己は生まれてないとする、痛切な激情に貫かれたのであり、もう一度生まれ出ようとする、真の己の再誕を願う、奇怪な、鞭打ちに近い決意が降って湧いたと言っても過言ではない。

空前絶後の決意である。印度にあって釈迦が敢行し、中国にあって慧可大師が臂を断って敢行したのと同じ決意、おそらくは日本で始めての捨身の決意であった。

二十歳、最澄は山中にあって願文を書いた。あの悲願の文章を書いたのである。

願文に曰く、
悠々たる三界は純《もは》ら苦にして安きことなく、擾々たる四生（生きとし生けるもの）はただ患にして楽しからず。牟尼（釈迦）の日久しく隠れて、慈尊（弥勒菩薩）の月未だ照らさず。三災の危きに近づきて、五濁の深きに没《しず》む。しかのみならず、風命保ち難く、露体消え易し。草堂（葬堂）楽しみなしと雖も、然も老少、白骨散じ曝す。土室（墓室）闇《くら》く狭しと雖も、而も貴賤、魂魄を争い宿す。彼を瞻《み》、己を省みるに、この理（無常の道理）必定せり。仙丸未だ服せず、遊魂留め難し。命通《みょうつう》（神通力）未だ得ず、死辰（死の時）いつとか定めん。生ける時、善を作《な》さずんば、死する日、獄（地獄）の薪と成らん。（中略）

伏して己が行迹を尋ね思ふに、無戒にして竊《ひそか》に四事（衣食住等）の労《いたわ》りを受け、愚痴にしてまた四生（生きとし生けるもの）の怨《あだ》となる。（中略）

ここにおいて、愚が中の極愚《ごつぐ》、狂《おう》が中の極狂《ごくおう》、塵禿《じんとく》の有情、底下《ていげ》の最澄、上は諸仏に違し、中は皇法に背き、下は孝礼に闕《か》けり。謹んで迷狂の心に随ひて三二（五つ）の願を発す。無所得（無執着）を以て方便となし、無上第一義（仏法）のために金剛不壊不退の心願を発す。

長い引用になってしまったが、ここまでで願文のほぼ三分の二であり、仏教用語に満ち、読みにくい漢字に満ちているにもかかわらず、あえて私はこれを引用した。この願文の中に最澄のすべてがあり、一切を脱ぎ捨てた、裸の抜き身の魂の叫びがあり、より厳密に言えば、一切を脱ぎ捨てようとする捨身の言語行為そのものがあり、そのような最澄自身の捨身行為の現場を目の当たりにしているがごとき迫真の表現が、ほとんど奇跡的に、ここに露呈していると思えるからである。

困難な文字群を無視して読んでいくと、ここに最澄の、言わば、悲痛な魂の電流のごときものが走っているのが感じられ、それに打たれ、それに震撼され、それに感電する思いに捕らわれる。

最澄はこの願文で尽きている。最澄の一生はこの願文で尽きている。あるいは、われわれの一生もまたこの願文で尽きていると言ってもいいだろう。この願文を繰り返し唱え、繰り返し生き直すことに尽きているのである。この願文と共に死に、この願文と共に生まれ変わるのである。われわれは有限であるが、この願文は無限である。この願文を生きることによってわれわれは無限になるのである。この願文を身に体することによってたえず生まれ変わり、始まりを始めるのである。

「悠々たる三界はもはら苦にして安きことなく、擾々たる四生はただ患にして楽しからず。(釈迦)牟尼の日久しく隠れて、慈尊の月未だ照らさず」

すべてこれこの世の全否定であり、人生の、人間の、世界の、宇宙の総否定である。逃れる時もなく、逃れる所もないのである。

最澄はこの時いかなる社会状況、いかなる政治上人事上の世界に巻き込まれ、切羽詰まり、追い込まれていたとしても、そのすべては「三災の危うきに近づきて、五濁の深きに沈む」の一例に過ぎず、「風命保ち難く、露体消え易し」の一例に過ぎなかった。

「葬堂楽しみなしといえども、しかも老少、白骨を散じ曝す。土室暗く狭しといえども貴賤、魂魄を争い宿す。」

この世を葬堂と見、土室と見、そこに白骨散乱し、魂魄群がり争うのを徹見するのである。まさに釈迦牟尼の日久しく隠れ、弥勒の月いまだ照らさずの暗黒を徹見するのである。前仏すでに亡く後仏いまだ現れざる世界である。

そして引用の後半部が来るのである。

「ここにおいて、愚が中の極愚《ごつぐ》、狂《おう》が中の極狂《ごくおう》、塵禿《じんとく》の有情、底下《ていげ》の最澄、上は諸仏に違し、中は皇法に背き、下は孝礼に闕《か》けり。謹んで迷狂の心に随ひて三二の願を発す。無所得（無執着）を以て方便となし、無上第一義（仏法）のために金剛不壊不退の心願を発す。」

これこそ極限の自己否定である。極北の自己断罪である。前半にあっては外を否定し、ここに至って、内を否定するのである。もはや外部にも内部にも逃れる場所はない。

愚中極愚、狂中極狂、塵禿有情、底下最澄

この四句は四個の白刃である。この白刃をもって己を四回斬ったのである。日本史上最初にして最深の自己否定である。

愚中極愚、この一閃をもって己の皮を斬り、狂中極狂、この二閃をもって己の肉を斬り、塵禿有情、この三閃をもって己の骨を斬り、底下最澄、この四閃をもって己の髄を斬った。

これによって最澄のすべて、最澄の皮肉骨髄《びにくこつずい》は消えたのである。十二歳にして国分寺の行表師に就いて出家得度し、十八歳にして東大寺の戒壇において二百五十戒の具足戒を受けて、正式の僧侶となった最澄がこの自己否定、この自己断罪を敢行したのである。その時までの己の修行、己の学問、己の仏教はすべてこれ外なる光に過ぎないとする断固たる決断であった。外なる光は捨てなければならない。外なる光はすべて剝落するのである。すべて摩滅するのである。そのことを直感し予見して、即刻、己を無一物の漆黒の闇に落としたのである。その闇の中から真の光が生まれるかどうか、内なる光が生まれるかどうか、そのことに今始めて賭けたのであった。

二十歳の最澄は比叡山に駆け上り、月明を頼りに、破庵にあって、愚中極愚、狂中極狂、塵禿有情、底下最澄の四句を書き付けた時、その四句は、月明の中、四閃、一滴の血をも流さずに、最澄の肉体を清冽に斬って捨てたであろう。真の光は闇の中からしか生まれない。一度自らを闇の中に追放してからでなければ、光は生まれ出ないのである。

そしてついにこの闇の中からあの心願を発するに至るのである。

一　我れ未だ六根相似の位を得ざるよりこのかた以還、出仮せじ。（六根相似　己の眼耳鼻舌身意の六根が仏の六根に近づく境地。出仮せじ　仮の世界たる世間に出ない、つまり、山を降りない）

二　未だ理（仏法）を照らす心を得ざるより以還、才芸あらじ。

三　未だ浄戒を具足することを得ざるより以還、檀主の法会（衆生の施し）に預らじ。

四　未だ般若の心を得ざるより以還、世間人事の縁務に著せじ。

五　三際の中間（現在）にて、所修の功徳独り己が身に受けず。普く有識（一切衆生）に廻施して、悉く皆な無上菩提を得しめん。

漆黒の内なる戒壇に登って、五つの心願を発するのである。山中、月と狼と梟が見守るばかりである。闇の中より闇に向かって光あれと叫ぶのである。内なる闇、外なる闇に向かって光あらしめ給えと叫ぶのである。一二三四の心願は大智の光を得んがための叫びであり、五は大悲の光を得んがための叫びであった。

仏教はこの大智大悲の誓願に尽きるものである。最澄はそれをたった一人内なる漆黒の戒壇院において誓ったのである。

そしてこの五つの心願は第一の心願に尽きるのである。我いまだ仏菩薩の境地を得るまでは山を出でずとする誓いに尽きるのである。この時、最澄は釈迦を思ったにちがいない。若き日、一日無常観を発して、家を捨て、妻子を捨て、王位を捨てて、ヒマラヤの山中に入った釈迦を思ったにちがいない。後世の仏教では、つねに出山釈迦を思い、菩提樹下の悟道を重んじたが、最澄一人、入山釈迦を思い、それをこそ重んじたであろう。

愚中極愚、狂中極狂、塵禿有情、底下最澄、この白刃の一閃による自己否定、捨身行為がそれを証明している。我いまだ仏法を得ずんば山を下りずとする第一の心願がそれを証明している。

願文は愚中極愚、狂中極狂、塵禿有情、底下最澄の自己否定とそこから発する第一の心願に極まるものである。最澄はその道をどこまでも真っ直ぐに進んだ。その悲しみの道、そのヴィア・ドロローサの道をひたすらに歩んだのである。

三　最澄琵琶湖畔に生まる

私は晩秋の一日、最澄の誕生地たる琵琶湖畔の坂本の地を訪れた。京阪坂本駅を降りると、目の前が日吉大社の参道であった。なだらかな坂道である。下れば遥かに琵琶湖が見渡せ、上れば、やや遠くに日吉大社の大鳥居が見え、さらに、その向こうには、比叡の山が聳えている。晩秋の朝日が明るく爽やかに白い風のごとく頬を打つのが感じられた。

最澄の誕生地はあっけないほど簡単に見つかった。参道を横切って、右手脇の生源寺と呼ばれる寺の境内にあった。広々として、ほとんど樹木のない境内の奥に、何の変哲もない本堂があるばかり、山門をくぐって境内の右手の一隅に最澄の誕生地を知らせる石碑と掲示板と最澄の童子像と産湯のために使ったとされる井戸があった。それだけである。ひっそりと爽やかな無が広がっているばかりである。比叡山延暦寺に象徴されるがごとき、重々しい、威圧的な、権威や神秘や神話などをすこしも感じさせない、むしろ、すがすがしい、無垢な印象さえ与えてなぜか嬉しかった。

父親の実家は当時の公記録たる公験によれば、

僧最澄年廿　近江國滋賀郡古市郷　戸主正八位下三津首《みつのおびと》浄足　戸口同姓広野
　黒子《ほくろ》　頸左一、左肘折上一

とあって、古市郷（現在の大津市膳所、粟津、石山近辺）ということになり、坂本の地は母親の実家のあった場所と考えられる。最澄はそこに生まれ、そこで育ち、何年か後に、父の実家にもどったとしても、坂本はわが揺籃の地として、足繁く赴き、日々懐かしく思い出す場所だったにちがいない。

生源寺を離れ、日吉大社に向かう参道に出た時、私は今一度周囲を見渡した。東の方、なだらかな下り坂になった遠方に、陽光きらめく琵琶湖が広がり、頭を巡らせて西の方を見上げれば、大鳥居の向こう大社の森が広がり、それを抱くようにして、すぐ間近に比叡の山が大きく悠然と聳え立ち、折しも、朝日を受けて、明るく、眩しく、全山紅葉の赤を閃かせているのである。

往古、比叡山は日枝《ひえ》の山と呼ばれ、日吉大社の鎮座する山とされていて、比叡（仏の叡智に比すべき山）と呼ばれたのは後の時代だったとすれば、麓に住んで来た者にとっては、日枝の山、日吉の山であり、朝の日光が全山無数の樹木の枝々に降り注ぎ、まるで千条万条の日光の枝のごとくにきらめかせているのを平生見ていたにちがいない。山はあくまで日の枝の山であり日吉しの山であった。

比叡山はこちら側琵琶湖畔の坂本の地が表であり表門であり、その向こう側、京都の地はむしろその裏であり裏門だったと、私はその時直感した。最澄の当時までは、京都は都ではなく、比叡の山に延暦寺なく、当時の奈良の都ないしは、時に、遷都した琵琶湖の大津などからすれば、京都は京都とさえ呼ばれず、単なる僻陬の地方に過ぎなかったろう。

父が日枝の山に籠もってその誕生を祈り、麓の母の家で誕生したとすれば、最澄は日枝の山の神の申し子であり、日枝の山を照らす日の神の申し子であったとも言えよう。

最澄は比叡山で生まれ、比叡山で死んだのである。比叡山は最澄の母であり母胎であった。であればこそ、願文の第一に「われ仏の境地に至らずんば、この山を降りず」と誓ったのである。

四　われは近江漢人の子なり

現在の大津を中心とした琵琶湖沿岸一帯は近江漢人と言われた渡来系の氏族が多く居住した地区であった。その中に最澄の先祖も居て、三津首《みつのおびと》（御津または大津の首長）という姓を当時の朝廷より賜ったと言う。伝によれば、一族は後漢王朝最後の皇帝たる孝献帝の末裔登万貴王の流れを汲むものとされ、応神天皇の御代、大和王朝の王化《おうけ》を慕って、一種のボートピープルの難民として、日本海を北上し、おそらくは若狭湾のいずこかに上陸、琵琶湖に出て、そこを奈良朝廷より居住地区として賜ったものと想像される。

『後漢書・本紀』（孝献帝紀第九）を見るに、

西暦二二〇年、孝献帝は位を魏の曹丕《そうひ》に譲り、自らは山陽公と称した。同二三四年、山陽公薨ず。ここに後漢王朝は滅んだ。なお、孝献帝の子孫は四代続くも、最後の秋王に及んで、永嘉中（三〇七～三一三）に崩じて、国除かると。

おそらくは、四代目最後の秋王の一族が国滅ぶと共に、登万貴王を名乗る者を中心として、国外に脱出、日本に向かったものと想像される。当時日本は応神天皇の御代（二七〇～三一三）であった。

『孝献帝紀第九』の賛に言う、

献（帝）の生まるるは辰《とき》ならず。身は播《さすら》い、国は屯《ふさが》る。我が四百（前漢後漢王朝の四百年）終え、永《とこし》えに虞の賓（魏王朝の客人）となる。

史伝にきわめて異例な賛のこの詠嘆は、献帝以後の王族たち、その流れを汲む子々孫々の一族たちの、本能と化するまでの詠嘆であったろう。

虞賓《ぐひん》となることを拒否して、国外に亡命した最澄の祖先一族は、ここにまた大和朝廷の虞賓とならざるを得なかった。

献帝の生まるるや時ならず。身はさすらい国はふさがる。わが王朝滅び、永遠に虞の賓となる。（献生不辰《けんしょうふしん》、身播国屯《しんぱこくちゅん》、終我四百《しゅうがしひゃく》、永作虞賓《えいさぐひん》）

この詠嘆は日本に渡った一族の血脈と化し、一個の牢固たる亡命感覚となって根付き、何代を経ても消えることのない魂の伝承と化し魂の矜持とまで化したものであったろう。

それは日本に渡来した西暦三百年代後半ごろから最澄の父の時代七百年代までのほぼ四百年の年月を経ても、なお変わらず生き続け、自覚され続けてきたものであったにちがいない。一族は近江漢人と自称し、またそう呼ばれつつ、漢王朝の先進文化の担い手として、大和朝廷に政治的文化的なさまざまな面に亘って仕えたのであった。

最澄の父親三津首百枝《みつのおびとももえ》もまた一族の詠嘆を共にし、その魂の伝承と矜持を色濃く最澄に伝え、秘かな庭訓《ていきん》として与えるところがあったろう。

最澄の願文には単に最澄個人の詠嘆だけではなく、一族の詠嘆もまた封じ込まれていたにちがいない。「献生不辰《けんしょうふしん》、身播国屯《しんぱこくちゅん》終我四百《しゅうがしひゃく》、永作虞賓《えいさぐひん》」の一族の詠嘆は最澄に至って、「愚中極愚《ぐちゅうごつぐ》、狂中極狂《おうちゅうごくおう》、塵禿有情《じんとくうじょう》、底下最澄《ていげさいちょう》」という極限の詠嘆にまで激化し、先鋭化し、内面化されるまでに徹底されたのである。

たとえ東大寺にあって当時の奈良仏教の中心たる唯識法相・三論・華厳等の学問を修得し、戒壇に登って、二百五十の具足戒を受けて、正式の僧侶となる資格を得たとしても、最澄には何か決定的なものが欠けているという自覚があった。学問としての仏教、制度としての仏教、資格獲得のための仏教というものは、最澄個人の深い内面性、史上類を見ない透徹した精神性を満たすものではなく、そしてさらには、最澄の血脈と化している氏族的な魂の詠嘆と矜持とを強く打つものがなかったのである。ここに居てはならぬ、ここに居てはわが魂は腐るばかりであるとする内面の衝迫、ここは栄華と虚栄の巷《ちまた》であるとする激しい確信があったにちがいない。脱出の衝動であり、亡命の衝動である。あるいは脱皮の衝動であり、捨身の衝動である。最澄は一挙に都を捨て、山に籠もった。己の魂が真に求めているものを摑むまでは山を下りずと決意して籠山したのである。

しかも山に籠もった後、ふとした偶然をもって、それが都の東大寺に秘蔵されているることを知ったのである。東大寺の経蔵に鑑真和上《がんじんわじょう》将来の『法華三大部』なる書物が隠匿されていることを聞き知ったのである。鑑真和上のことはすでに知っていた。だけではなく、鑑真和上の創立になる本邦初めての戒壇院に登って僧侶となったのであって、その意味では、鑑真和上こそ最澄の真の授戒者であったと言っていい。

鑑真は天平勝宝六年（西暦七五四年）に来日して東大寺に入り、天平宝字七年（七六三年）唐招提寺において死去した。最澄は鑑真の死後わずか四年の神護景雲元年（七六七年）に生まれ、願文を書いた年はその二十年後の七八七年ごろのことであった。したがって最澄が若き日東大寺に入った時はすでに鑑真亡き後であった。

鑑真は当時戒律の師として招待され、戒壇院を創立し、その授戒者として世に知られ、それをもって功績を認められたのである。しかし鑑真にはもう一つの独自な目的、独自な使命があったと考えられる。鑑真の生きた中国唐の時代、仏教はより多く華厳、唯識、法相、密教の時代を迎え、すでに古いものとして滅びようとしていた天台智者大師の教え、天台法華三大部（『法華玄義』、『法華文句』、『摩訶止観』）の中に、鑑真は独自の直感から、そこに仏教本来の深い内面性というものが秘められてあることを確信して、新天地たる日本にそれを伝えようとの悲願を抱いたのである。さらに言えば、天台智者大師の法華大乗の内面性に基づく戒壇院をこそ設立しようと願ったにちがいない。将来した書物の中に『法華三大部』があったということがそのことを証していると思えるからである。

しかしそれは果たされなかった。戒律といい戒壇院という外面は伝わったが、鑑真そのものの内面は伝わらなかった。

そして最澄は東大寺戒壇院において受戒したのである以上、鑑真の外面はすでに受容したと見てよいが、後に、おそらくは、比叡山入山以降、東大寺経蔵内に秘匿されたままであった『法華三大部』と邂逅することによって、ただ一人、鑑真の真の内面を受容することになったのである。

最澄は鑑真の中に唯一の師を見たにちがいなく、同時にまた遥かな、懐かしい我が同胞を感じたにちがいない。最澄個人のもっとも深い内面性と氏族的な魂の伝承と矜持とを二つながら満たしてくれる師と邂逅したのである。

鑑真は何度も渡海を試みて失敗し、なおも初志貫徹、難破した南島にあって悪疾による失明を物ともせず、ついに日本に漂着した。そんな鑑真の来歴の中に、最澄は己の一族のボートピープルとして漂着した同じ亡命感覚、同じ使命感覚というもの、その悲しき詠嘆と矜持とを感じ取ったにちがいない。「鑑真は我一人のために来たれり」とするがごとき運命的な自覚を抱いたにちがいないのである。わが真に求めていたものはここにあるとする確信であった。

室町時代の禅者にして歴史家たる虎関師錬はその著『元亨釈書』の巻第一のほぼ冒頭において鑑真を取り上げ、次に最澄を並べて論じている。鑑真と最澄との間の結縁の深さを暗黙の内に物語っているものである。

師錬は「最澄伝」の最後、賛を付して次のごとく述べている。

人よく道を伝え、道のよく人を伝えるにあらず。（中略）勝宝の間、鑑真、（天）台宗の章疏（法華三大部）を挟《さしはさ》んで来たる。時に偉器なし。函蔵《かんぞう》するのみ。

伝教は卯金刀《ぼうきんとう》（漢の姓たる劉の解体字、同時に刀剣の意味もある）の子にして、鋒《ほう》鋩銛如《ぼうせんにょ》（切っ先鋭く）、志慕して捜索、早くにその言（『法華三大部』）を見る。

鑑真と最澄との結縁の深さを徹見した言葉である。

「時に偉器なし。函蔵するのみ。」

具眼の人なくして『法華三大部』は空しく函の中に秘蔵するのみであったというのである。そしてここに偉器たる最澄一人現れて、その書を発見したとしたのである。

ここで虎関師錬は最澄のことを卯金刀《ぼうきんとう》の子、つまりは、漢人の子にして、同時に刀剣のごとき切っ先鋭い直感の人であると言い切った。そしてさらに最澄は志慕深くして捜索、函蔵するのみであった『法華三大部』をついに発見するに至ったとしたのである。

虎関師錬が優れた歴史家であることを証する断案であった。

なお、師錬は最澄が『法華三大部』を発見した時に、「師訓によらず」と言って、鑑真すでに亡く、その書物を教える師がいずこにもいないことを述べている。

最澄は鑑真の中に父を直観した。そして鑑真の将来した『法華三大部』の著者天台智者大師の中に遥かなる祖父を直観したのである。この結縁の直観というものが最澄の後半生を決定した。鑑真の地、天台智者大師の地、そして我が一族の祖国の地、中国に向かって、最澄はいよいよ出発するのである。真の師を求めて船出するのである。最澄三十八歳の時であった。

五　最澄は凝視する深淵である

最澄は十九歳の時に入山した。比叡山に入り草庵を構えたのである。最澄にとって比叡山は母胎であった。父がわが出生を願って山籠し、母がその麓で出産した山だったからである。最澄は比叡山の母胎の中から生まれたのである。したがって入山はふたたびの入胎であった。今一度母なる山に入胎したと見ていい。

最澄は生まれ変わろうとした。再誕を意志したのである。

そして願文によれば、六根相似位（仏の境地）に至らざれば山を下らずと決意し、事実、後の十二年間山を下らなかったとすれば、最澄は、言わば、山中において十二年に亘る聖胎長養《しょうたいちょうよう》を計ったのであるとしていいだろう。

しかしなぜそうしたのか。なぜ再誕を意志し、入山を意志したのであったか。

当時の記録によれば、

延暦四年（十九歳）四月六日、東大寺戒壇院において具足戒を受く。
同年七月十七日、比叡山に登り草庵を構う。
翌年（二十歳）この頃、願文を製作し、並びに三大部を筆写す。

この短い二年間に最澄の若き心の中に一個の決定的な事件が起こったと見ていい。具足戒を受くとは二百五十に達する戒律を守る誓いを立てることであり、そうすることによって正式の僧侶となる資格を得ることであった。そして事実その資格を得たにもかかわらず、それを捨て、洋々たる出世コースの東大寺にも残らず、師の跡を継いで国分寺にも行かず、ふいに、雲隠れするがごとく、叡山に隠れ籠もってしまったのである。

おそらくはここに最澄独自の、言わば、獅子身中の虫たる否定精神、あの一大疑団というものが胚胎し目覚め動き出したものと見ていいだろう。最澄の最澄たる所以、最も澄めるものは外部を透視するばかりでなく内部そのものをも透視するのである。最澄は澄める深淵である。凝視する深淵である。凝視とは刃《やいば》である。最澄は自らに逆らう刃を持った魂である。最澄は最澄から逃れられない。深淵は深淵から逃れられない。最も澄んだものは己から逃れられないのである。

己は二百五十戒を守ることができるか、生涯に亘って守り通すことができるか。この大疑団を発したのである。最澄は何事も真に受ける人であった。何事も文字通りに受け取る人であった。逃げない、たじろがない、やり過ごさない、省略しない、目をつぶらない、凝視の魂そのものであった。二百五十戒を守り通すことができなければ僧侶ではないとし、同時に、自分はそれを守り通すことはできないと透視する仮借なき凝視の人であった。

ここに至って、最澄の中で、凝視は慚愧を生み、慚愧は懺悔を生んだのである。やり直さなければならない。生まれ変わらなければならない。このままでは偽善の道を行くだけであり、贋物の道を行くだけである。ここにいてはいけない。振り捨てなければならない。捨てて行かなければいけない。

しかしこのような仮借なき決断は最澄独自の否定精神のみによってなされた訳ではない。受戒後、そのことを最澄に促し迫ったものがふいに言わば運命的に現れたのである。それこそが鑑真によって将来された『法華三大部』との邂逅であった。たとえ年譜や伝記の述べるところでは、比叡山に籠もって後、願文を書き、法華三大部を筆写したとしても、出逢いそのものは、奈良にあって具足戒を得た後、東大寺唐禅院に秘蔵する『法華三大部』を人を介して拝読することを許されて始めて行われたのであった。それは最澄にとって運命の書であった。回心の書であり、回天の書であった。世には青天の霹靂というものが存在するのである。そしてそれに打たれるということも存在するのである。

願文の中の、あの極北の自己否定の言葉、「愚が中の極愚、狂が中の極狂、塵禿の有情、底下の最澄」こそは、たとえば、『法華三大部』の一たる『摩訶止観』第四巻第六章「止観のための前方便」の第一項「持戒清浄なれ」の中の文章から生まれ出たとしか思えないからである。きわめて長く読みづらい文章であるが、ここに引いて参考に供したい。

もし二世の重障（過去現在の罪障）を懺悔して四種三昧（禅定）を行ぜんと欲せば、まさに順流《じゅんる》の十心（生死煩悩の流れに順い流される十の心）を識り、明らかに過失を知るべく、まさに逆流《ぎゃくる》の十心（生死煩悩の流れに逆らい打ち克つ十の心）を運んでもって対治（治療克服）となすべし。

順流の十心とは、一には、無始より闇識昏迷（無明）にして、煩悩に酔わされ、みだりに人我を計し（自分と他者を立てて区別し）、人我を計するが故に身見（おれがおれがの心）を起し、身見の故に妄想顚倒し、顚倒の故に貪瞋癡《とんじんち》を起し、癡の故に広くもろもろの業を造り、業あればすなわち生死に流転す。二には、内に煩悩を具し、外に悪友に値《あ》い、邪法を扇動して我心を勧惑し、倍加して隆盛なり。三には、内外の悪縁すでに具わって、よく内に善心を滅し外に善事を滅し、また他の善においてすべて随喜することなし。四には、（身口意の）三業をほしいままにして、悪としてなさざることなし。……八には、魯扈底突《ろこていとつ》して（愚と狂、極まって）悪道を畏れず、九には、慚なく愧なし。十には、因果を撥無して（善因善果、悪因悪果の物の道理を無視して勝手に振る舞う）一闡提《いっせんだい》（極道者）となる。これを十種の生死の流れに順じて昏倒して悪を造るとなす。厠虫《かわやむし》（うじむし）が厠を楽しんで、覚らず知らず、積集重累（くんずほぐれつ重なり合い絡み合い）して称計す（数える）べからざるがごとく、四重五逆（悪逆無道）極まって闡提《せんだい》（極道者）にいたり、生死浩然として際畔（果て）なし。いま懺悔せんと欲せば、まさにこの罪流《ざいる》に逆らい、逆流の十心を用いて悪法を翻除ずべし。

己の内面を凝視して「厠虫が厠を楽しんで覚らず知らず積集重累して称計すべからざるがごとし」と見、「四重五逆極まって闡提に至る」と見る、この内面照破の迫真力はただものではない。苛烈である。果断である。酷薄無残である。最澄はここに至ってわが心を見たにちがいなく、己の深淵、己の内面の救いがたさを見たにちがいない。二百五十戒を守る誓いをして僧侶の資格を得て、前途洋々たる将来を楽観するにしては、最澄の内面凝視は冴え渡り、煩悩無尽の内面を見逃すことはできなかった。そのどん底にあって、ゆくりもなく『摩訶止観』に出逢い、この「懺悔の章」に引き込まれるがごとく引き寄せられ、魅せられたのである。千年の知己に出逢ったのである。わが地獄編を行く尊い先達に邂逅したのである。

厠虫とは己である。闡提とは己である。究極、一句をもって評すれば、愚が中の極愚、狂が中の極狂、塵禿の有情、底下の最澄である。

凝視は慚愧を生み慚愧は懺悔を生み出したのである。ここから最澄のすべては始まった。この最果ての決意からすべては始まったのである。もはや都に居てはならない。虚栄の市に居てはならない。すべてを捨てて山に入らなければならない。すべてを捨てて今一度生まれ変わらなければならない。

山に入って、最澄はただちに願文を書いた。願文とは再誕の誓いである。順流の己を葬り去り、逆流の己を生み出し鍛え上げていくための遥かなる誓文であった。その尊い導きの書こそまさに『摩訶止観』であり、その遥かなる導きの先達こそ天台智者大師その人であった。

最澄は『法華三大部』別けても『摩訶止観』を抱いて籠居し、その果てもない再誕への道を歩み始めるのである。仏の境地に達しなければ山を下りずとする、黄金の漆黒とも言える聖胎長養の道を辿り始めるのである。

六　比叡山籠居十二年

山居の修行は十二年間続いた。それは飢えと寒さとの闘いであった。あるいは、むしろ、飢えを師とし寒さを師とするがごとき山岳修験の難行であった。衣《ころも》は路傍の糞《ふん》雑衣《ぞうえ》、食《じき》は求めずして与えられたもの、庵は小竹の円房、臥具は藁を良しとした。晩秋に麓に寸布を得れば、喜んで雪下の裸身に着すのみ、衣食の外にさらに望むところはなかった。万余の食封《じきほう》（有り余る糧食）はわが分にあらず、天下の伽藍はわが房にあらずとしたのである。後の比叡山延暦寺の七堂伽藍の偉容などもっての外の窮乏を是としたのである。覚悟の入山であった。

「初めに如来の室に入り、次に如来の衣を着し、終に如来の座に坐せん。」

この『法華経』の究極を生き、それを実践すべく決意して入山したのである。

山を如来の室とし、飢えと寒さを如来の衣とし、わが命を如来の座として坐ったのである。であればこそ、「道心の中に衣食あり、衣食の中に道心なし」と言い切れたのである。道心が衣食であった。道心があれば飢えることなく、道心があれば凍えることもなかった。道心が如来の室であり、如来の衣であり、如来の座であった。

しかもそのすべてをただ一人孤独の裡に敢行したのである。弟子ができ、外護者ができて、庵を賑わすのも後々のことである。

たった一人の道心である。梟と共にたった一人の道心を生きるのである。月と共にたった一人の道心を生き尽くすのである。梟の道心である。月の道心である。梟が梟を生きるのである。月が月を生きるのである。

梟が鳴く。月が照る。遥かに湖上の漁り火が光る。満目道心である。広い、果てのない道心を生きるばかりである。

われは愚が中の極愚、狂が中の極狂、塵禿の有情、底下の最澄である。しかもそれ以外に生きようもない己である。道心はその自覚徹底以外の何物でもなかった。それを生き切る以外の何物でもなかった。

最澄は最濁である。最澄は最濁を生き尽くすことによってふたたび最澄となるのである。であれば最濁は最澄である。

道心は光である。道心に照らされて最濁は残りなく最澄に澄み渡るのである。その道を行けと指し示したものこそ『法華経』であり『摩訶止観』であった。やがて最澄は自らの草庵を「一乗止観院」と名づけた。「延暦寺」と名づけ、「根本中堂」と名づけられたのは最澄死後のことであり、最澄のあずかり知らぬところであった。一乗とは法華一乗であり、『法華経』という大きな乗り物によってまっすぐ仏の世界、真実の世界へと至ることであり、止観とは『摩訶止観』そのものであった。最澄は『法華経』を信じたのである。『摩訶止観』を信じたのである。しかも『法華経』は一経ではない。万経を含むものである。『摩訶止観』は一書ではない。万書を含むものである。そこに小乗仏教大乗仏教のすべての経典が流れ込み、ふたたびまた新しく流れ出す仏法の泉であった。人間の絶望と救済を凝視しかつ約束する予言の書であり、闇と光を同時に深々と湛えつつ、闇は光に外ならないとし、闇は単に光の変容に過ぎないとする予言の書であった。

最澄はそれを信じたのである。であればこそ己の居場所を一乗止観院と名づけ、そこに揺るぎなく坐ったのである。最濁の自覚こそ最澄であり、その自覚徹底の場こそ一乗止観院であった。最濁即最澄である。しかし即とは自覚徹底のことであり、その絶望的な照破によってのみ最濁即最澄となるのである。

しかし最澄は独学であった。一人で学び、一人で修行したのである。『法華経』、『金光明経』、『般若経』、『華厳経』、そして究極、『法華三大部』を、日々学び、日々読んだとしても、そのすべては独学であり独習であり「師訓なき」独覚であった。最澄の自己照破の精神は独善を許さなかった。独りよがりを許さなかった。『法華三大部』はこれを仰げばいよいよ高く、これを鑽《き》ればいよいよ堅い秘儀の書であった。壮大なる奥義の書であった。学べば学ぶほどいよいよ師なき己を歎ずる日々であった。たとえ入山十二年目（三十一歳）にして最澄の存在が朝廷の知るところとなり、内供《ない》奉《ぐ》《ぶ》（宮中にあって天皇に供奉する僧）に補せられ、さらには、高雄神護寺の法華経講《こう》会《え》に招じられてその講師を勤めることになったとしても、心底の自己凝視は止むことなく、師を求める熱誠は消えることはなかった。

三十六歳、ついに、最澄は内なる衝迫抗しがたく朝廷に入唐求法《にっとうぐほう》を請い、許可の詔を得て、三十八歳、延暦二十三年、遣唐使船に乗船、肥前松浦郡田浦を出発し、二ヶ月を経て、中国明州に上陸したのである。ちなみに空海もまた同じ遣唐使船の一つに乗って海を渡った。

鑑真が渡海を試みて難破し、ふたたび渡海を試みて難破し、南海の島に漂着して失明、三度また挑戦して渡海した同じ大海を、言わば、遡行したのである。鑑真の祖国、『法華三大部』の天台智者大師の祖国、そしてついには最澄自身の、最澄一族の祖国を目指して、死を賭し難破を賭して海を渡ったのである。

　それは最澄個人の失われた時を求めての旅路であるばかりでなく、それ以上に最澄一族にとっての失われた時を求めての旅路であった。最澄個人の内面の遡行であると同時に一族の血の遡行であった。

七　渡海入唐、天台の奥義を体得す

　遣唐使一行は明州に上陸して、遥かな都長安を目指して北上した。空海もまたその中に居た。最澄とその弟子義真（通訳僧）はその一行に加わらず、南の方、天台山に直行した。

　当時の都長安はいわゆるシルクロードを通して西域の人、天竺の人、イスラム、トルコの人等、さまざまな民族、さまざまな宗教、さまざまな文化が来入して、坩堝《るつぼ》のごとく沸騰し、混交し、蝟集し、混雑して、沸き立つ、世界の都であった。

　仏教もまたその例外ではなく、玄奘法師が天竺印度より将来するところの唯識法相宗が持て囃され、賢首《げんじゅ》大師法蔵が組織した華厳哲学が唐王朝の皇帝を初めとする貴紳たちに迎えられ、さらにはバラモン僧善無畏等が天竺より入唐して盛んに講じた密教など、壮大なる仏教哲学、華麗なる仏教儀礼が、美々しく、目眩むばかりに、人心を魅惑していたのである。

空海はその都に向かった。最澄はその都に背を向けて、一人天台山に向かった。空海は時代の華たる華厳と密教を選び、最澄はすでに時代遅れであるばかりか時代から忘れつつあった古色蒼然たる天台の仏教を選んだ。そのことは二人の人格と運命と志向の違いを歴然と象徴しているごとくである。

ある意味では、入唐以前に、最澄は天台を選び、空海は密教を選んでいたと言っていい。最澄はより多く内面の人であった。内なる失われた時を求めて、己の内面をどこまでも遡行し、己の血族の内面をどこまでも辿りつつ、ついに天台山へと、天台智者大師の『摩訶止観』の至高の内面性へと至り着き、ここ以外にわが黄金の時はないと自覚し、いまだ見ぬ黄金の時、いまだ踏まぬ黄金の場所を、この目で見、この足で踏もうとして、渡海し、入唐したのである。最澄は幽邃《ゆうすい》なる内面を窮め尽くして大いなる宇宙生命へと開け出た。

空海はより多く外面の人であった。十五歳以降、奈良の都にあって儒教などの学問を学び、二十歳近くになって、突如、雲隠れをしたごとく、吉野の山谷を跋渉し、四国の山谷や海浜を流転して、山谷と共に眠り、海浜と共に起き、ついに、二十四歳にして、『三教指帰《さんごうしいき》』なるものを書いて、儒教にあらず道教にあらず仏教を選び取ったのである。山と海と空の無言の密教性をここに獲得したと言っていい。空海は大いなる外面、壮大な大自然を通して、幽邃なる内面に至った。

さて、最澄である。最澄はまっしぐらである。最澄の前に時代はない。最澄の前には永遠があるだけである。わが思い描いた内面の道があるだけである。そこを真っ直ぐに歩くだけである。わが失われた時を求め、わが黄金の時を求めて、ひたすらに突き進むばかりである。「ひたすら」こそ最澄のDNAである。「まっしぐら」こそ最澄の遺伝子である。明州より台州に向かい、竜興寺に道邃《どうずい》師を拝し、天台山仏隴《ぶつろう》道場に行満《ぎょうまん》師を拝した。いずれも遠く都を離れ、孤軍奮闘、天台の孤塁を守る祖師たちであった。行満師より八十余巻の教籍を受け、学天台宗法門大意を授かる。道邃師をふたたび訪ねて、以後百三十日に及ぶ研鑽と受講を続け、ついに道邃師より天台宗の付法と円頓大戒を得たのである。

最澄はここに『法華三大部』の奥義を窮めたのである。道邃師を通して天台智者大師に繫がり、天台智者大師の血脈へと連なったのである。唐にあって消えんとする天台の法灯をふたたび灯し、絶えんとする天台の血脈をふたたび甦らせたのである。

最澄は天台智者大師の中にもっとも中国的な仏者を見た。孔子の持つ人間的な懐の深さと老子の持つ混沌たる大きさを感じたのである。己と人間と社会に対して逃げようもない絶望に打ちひしがれつつ、その絶望を逆転して希望に転じる、大きな、揺るぎない、強靱な精神性というものを感じていた。懺悔の心と救済の哲学とを兼ね備えていると確信していたのである。最澄は『法華三大部』の中にそのことを直観し、その人を直観していたと言っていい。

むしろ、天台智者大師こそが『法華経』の中にそのことを確信して、『法華三大部』を通して『法華経』を中国化したとも言えよう。『法華経』を、言わば、詩的な宇宙的な『論語』として感得し解釈し直したと言えるのである。たとえ『法華経』を論ずるのに、魏晋から六朝時代にかけて広まった四書五経に対する煩瑣なまでの註釈技法を用いる弊害に禍されていたとしても、その中からかいま見えてくるのは、『法華経』をもって「わが法華経」とし「わが論語」とするがごとき、親しい、懐かしい、安心立命の帰郷感とでもいうものであった。そこには、「ここ以外にはない」とする帰郷感、長い放浪の末ついに至り着いた帰郷があった。そしてさらに、そこには始めての詩があった。確実な実践があった。揺るぎない大道があった。

最澄は、叡山独居、『法華三大部』を読みつつあった時に、すでにそのことを予感したが、天台山にあって道邃師の膝下ふたたびそれを学び直した時、ついにその予感、その直観が正しいことに思い至った。最澄はその時始めて失われていた父祖に会い、失われていた源泉に辿り着いたという実感を持ったに違いないのである。

天台智者大師は六朝から隋の時代にかけて生きた仏者で、それまでの小乗仏教大乗仏教のほとんどすべての経典を読み尽くして、それを総合、組織し直して、法華経を頂点とする、いわゆる、五時八教の一大仏教体系を打ち建てた人であった。五時というのは釈迦一代の説法を五つの時期に分け、時代を追って、華厳・阿含・方等般若・法華・涅槃の、五つの経典を説法したとし、八教というのは、大きく言えば、四教であって、小乗大乗のすべての経典を蔵経、通教、別教、円教に分けたものであり、蔵教とは小乗経典のすべて、小乗仏教徒（いわゆる声聞縁覚《しょうもんえんがく》の羅漢）の学ぶ経律論の三蔵の経典を指し、通教とは小乗経典にも大乗経典にも通じる般若皆空の教え（小乗仏教徒の羅漢と大乗仏教徒の菩薩に通じる般若経典）を指し、別教とは小乗経典なり小乗仏教徒とは別の大乗経典、菩薩の奉じる経典（華厳経）を指し、円教とはそれらすべてに円通する大乗経典（法華経、涅槃教、なかんずく、法華経）を指したものである。

それはまさに一大仏教体系そのものであり、そこに今までのすべての仏教経典が流れ込み、そこからふたたび後の仏教宗派が流れ出す、一大総合仏教の集大成であった。智者大師はそのことを『法華三大部』において語り尽くしたのである。

しかしそれだけならば、それだけでしかなかったならば、天台智者大師の永遠の生命、『法華三大部』の永遠の光はない。要約すれば五時八教という仏教体系の集大成こそはたしかに智者大師の最高の達成であり最大の業績だったとしても、そこには智者大師の生命、智者大師の詩はない。要約も体系も総合も哲学も智者大師のというよりはむしろ後世の仏教学者の抽象化にすぎない。智者大師は荘子のいわゆる混沌を生きた。混沌という一大生命を生きたのである。要約も分析も体系も哲学もその生きた混沌に穴を空けてその息の根を奪うものであった。

『法華三大部』は生きた混沌である。生きた生命の森である。詩である。光である。三大部の一は『法華文句《もんぐ》』であり、『法華経』の中の重要語句を順を追って註釈したものであり、その二は『法華玄義』であり、『法華経』の正式題名たる『妙法蓮華経』の妙と法と蓮華と経の四つの言葉を取り上げて仏教のすべてを語り出したものであり、その三は『摩訶止観』であり、『法華経』の精髄を血肉化した上で、智者大師の人生体験のすべて、仏教体験のすべてを投入して、禅定とそこから生まれる般若の智慧を円転自在に語り尽くしたものであった。

『摩訶止観』において、智者大師が、中国禅宗の初祖たる達磨大師を知らず会わずして、後の禅宗の流れとはまったく別個に、禅の一大修行体系を語り尽くし、禅の実践の方法を過剰な綿密さをもって説き尽くしていたことは、ほとんど奇蹟に近い事柄であった。

しかしながら、智者大師のこれら『法華三大部』の講述がやがて当時の隋王朝の皇帝によって見出され、帰依するところとなって、智者大師の世界がまさに開けようとした刹那、皇帝死して、隋王朝が滅び、それと共に智者大師の世界、『法華三大部』の世界が閉ざされてしまったということは運命の皮肉であり痛恨の出来事であった。

次の唐の時代は時代や人心や皇帝の嗜好が変わって、華厳経が迎えられ、唯識哲学が華開き、密教が隆盛を見、僻陬の地に禅の教えが広がることによって、智者大師の『法華三大部』は地下に潜り、深淵に沈み、いわば、潜竜のごとく、息を潜め、生き続け、かすかに命脈を保つのみとなった。

しかし古代蓮は千年の後に深い池水の汚泥の底からふたたび命の芽を吹くのである。『法華三大部』はまさにそのような古代蓮であった。埋もれて三百年、最澄、入唐して、その人の中にふたたび目もあやな華を開くに至るのである。

『法華三大部』を蓮の華に譬えるならば、『法華玄義』はその根であり、『法華文句』

はその葉にして茎であり、『摩訶止観』はその大輪の華であった。『法華三大部』という古代蓮は中国の地を去って、最澄によって日本の地に移植されて、ふたたび、大輪の華を咲かせることになった。

美しい華は美しい華から咲き出るのではない、美しい場所から咲き出るのではない。蓮華のごとく、汚泥から、泥水の中からこそ咲き出るのである。そのことを始めてのごとく語り出したのが『妙法蓮華経』であり、そのことを微に入り細に入り語り尽くしたのが『法華三大部』に外ならなかった。人間のあり様、世界のあり様は汚泥であり、泥水であり、苦悩であり、煩悩であり、生老病死である。救いなき極愚極狂の闇である。しかしながらその中からしか美しい華は生まれないのである。その中からしか妙《たえ》なる真実は生まれ出ないのである。「妙法」とはそのことを指し、それを「蓮華」をもって譬えたのである。「法」とは人間や世界を含めた森羅万象の事象を指すものであるが、しかもそこ以外に真実はないとし、そこ以外に妙《たえ》なる真実の世界はないとして、「妙法」という真理観を打ち出したのである。そしてそれを蓮華として譬えたのである。

『法華玄義』の教えは「妙」に極まる。「妙の哲学」に極まる。「妙」とは真であり善であり美であり悟りそのものである。生老病死などのあらゆる苦しみ、煩悩の悩み尽きない凡夫にとって見れば、仰ぎ見ることも叶わぬ、遠い遙かな理想の世界、極愚極狂の最澄にとっては、達することも叶わぬ真実と善美の世界としか思えないものである。しかもそのような「妙」の世界をこの書物では「相待妙」と「絶待妙」（現今の言葉で言えば、「相対妙」と「絶対妙」）の二つに分けるのである。そして「相待妙」における「妙」というのは苦悩の凡夫のこちら側から見て、相向かいの遙か遠くにあり、こちらからそこへ近づくためには、限りもない努力、限りもない修行を続け、無限の成長を待たないでは達することも見えてくることも叶わない距離と未来にあるものとしたのである。つまりは、苦悩の凡夫の現実たる極愚極狂ないしは汚濁汚泥というものは、無限の段階を経て、様々な努力なり修行なり成長なりによって始めて純化され、精化されて、「妙」に極まっていくとするのである。このような「相待妙」のあり方は、一箇の修行主義であり戒律主義でもあって、言わば、仏教全般の基本であり、すくなくとも小乗仏教においての根本的な教えであった。

言うなれば、最澄こそはそのような「相待妙」の徹底的な使徒であり、徹底的な修行主義、決然たる戒律主義の使徒であり、であればこそ、自らを「妙」から無限に遠い「愚が中の極愚、狂が中の極狂、塵禿の有情、底下の最澄」と自己否定したのである。妙の世界に達するまでは山から下りないと決意したのである。

ところが、『妙法蓮華経』と出逢い、さらには、天台智者大師の『法華三大部』別けても『法華玄義』と出逢い、ついには、中国に来て、良き師の導きによって、それらの書物の堂奥たる「絶待妙」というものに逢着したのである。それは「相待妙」を一挙に切って捨てたのである。妙の世界、真実の世界は無限の彼方にあるのではない。即刻、この極愚極狂の塵禿底下の最澄そのものの中に有るというのである。無限の段階を経て到達するがごときものではないというのである。その果てもない段階、その遙かな相対、その時間的な距離を一挙に断ち切って、汚濁そのものが「妙」であり、極愚そのままで「妙」であるとする霹靂の徹見を目の当たりにしたのである。愚即妙、狂即妙、濁即妙という雷光のごとき逆転円転の鉄槌を身に浴びたのである。その矛盾逆説の自覚照破こそ光であり救いに外ならなかった。

しかしそれは自らを「愚が中の極愚、狂が中の極狂、塵禿の有情、底下の最澄」と断罪するがごとき自己否定を経なければ、青天の霹靂のごとき「絶待妙」の大逆説に襲われるものではない。

そしてまた『摩訶止観』というものがある。最澄にとって、それは「円」に極まる。「円の哲学」に極まる。直線ではない。段階ではない。一方向ではない。円転である。ところが、人間の世界は苦である。濁である。煩悩である。生老病死である。

人間はそこから逃れようとして努力し修行し成長し、煩悩なき真実の世界に到達しようと、輾転反側、もがき苦しむ。そして仏教的な世界観では、そのような人間の世界を十の段階、十の世界に分けて、下から上へ、地獄、餓鬼、畜生、修羅、人間、天上、声聞、縁覚、菩薩、仏とするのである。そして地獄から天上までの六道を輪廻して煩悩無尽、苦悩絶え間のないのが人間であり、そこから脱しようとして努力するのが声聞縁覚（師の教えを聞き、物に触れて覚る小乗仏教徒）であり、同じ努力をしつつも、苦悩の巷にもがき苦しむすべての人たちを救おうとするのが菩薩（大乗仏教徒）であり、それらすべての世界、すべての十界を同時に生きつつ、それからすこしも汚染されずに円転自在に生きるのが仏であるとしたのである。

そして『摩訶止観』は今までの直線的な世界観、段階的な世界観というものを一挙に破砕して、地獄にも餓鬼にも畜生にも修羅にも人間にも天上にも仏が存在するとし、ましてや声聞縁覚菩薩にも仏は存在するとしたのである。地獄餓鬼畜生の世界も仏の世界であり、むしろ、地獄の底にこそ仏が棲むのであり、餓鬼の心にこそ仏が棲みつくのである、闇にこそ光が宿るとしたのである。仏の円転であり、光の円通である。これがすなわち円の思想であり、円通の哲学であり、『摩訶止観』の教えであった。

蓮の華は汚泥の中にこそ咲くのである。自らを汚泥であると徹底自覚しない限り、蓮華は宿らない。絶望の中からしか光は発しない。

最澄は天台智者大師の教え、『法華三大部』の教えを道邃師よりかくのごとく受領した。わが道はここから始まるとしたのである。わが黄金の道はこの「絶待妙」としての「妙の哲学」と「円通の哲学」の実践からしか始まらないとしたのである。最濁即最澄とする円転と逆転の実践がいよいよ始まるのである。もはや思い残すことはない。およそ六ヶ月に亘る問法修行の日々は終わった。

道邃師は去り行く最澄に向かって書信を送った。

「たちまち別れて悵《うら》みを増す。春憶うこと数行（数度）。知らず、平善に（無事に）船所に達するやいなや。過去の伝法の菩薩、つぶさに艱苦を受く。今日の弘揚（弘法）いづくんぞ労虚なからんや（虚しからんや）。（道）邃、日に衰老に向かう。諸皆（諸事）いまだよくせず。色心（身心）倶に頽《くず》れ、刀風（死期）遠きにあらず、浮雲水月を観じて、以て余生を遣《や》るのみ。化（わが教え）、滄海を隔てて、相い見んこと杳然たり（遥かなり）。おのおの伝持して共に仏慧を期せんことを願うなり。これを勉めよ。」

わが天台の道はすでに衰亡に向かわんとし、それを今汝最澄に託すと言ったのである。

「韻、高ければ、和するもの寡《すくな》し。われ甚だこれを傷《いた》む」

天台智者大師の『摩訶止観』中のこの嘆きは今中国において現実になろうとし、最澄、帰国して、ふたたび同じ嘆きを繰り返すことになるであろう。

延暦二十四年五月、遣唐使第一船に乗じて、帰国の途に就く。最澄三十九歳の春のことであった。第二の鑑真となって帰国するのである。

八　帰国、天台宗成る

最澄は延暦二十四年帰国、桓武天皇に復命した。三十九歳の時である。ただちに「将来目録」を添えて、朝廷に経疏典籍二百三十部四百六十巻を奉進した。天台、真言、禅、戒律等の典籍、その多くは最澄初伝の稀書であったとされる。

桓武天皇は最澄の帰国をひたすら待ち望んでいた。平安遷都以来すでに十年が経ち、奈良の都における朝廷内部での政治や人事の上の様々な確執や内紛から抜け出し、ここ平安の都にあって、朝廷の基礎ようやく固まり、新しい国家の営みが今まさに緒に就こうとしていた。奈良の都の狢《むじな》棲む荒城、人事の魑魅魍魎《ちみもうりょう》は払拭しなければならなかった。奈良仏教の専横と権力濫用もまた断ち切らなければならなかった。桓武天皇は新都の基礎成り、その精神的な支柱として、奈良仏教に依らない新しい仏教を最澄に期待し、その設立を待ち望んだのである。

由来、渡来系の近江漢人は奈良の朝廷に仕えて文書学芸行政等にその能力を発揮したとされ、その中から最澄は出、得度受戒の後に都を捨て、叡山に籠もって書いた願文が南都の内供奉《ないぐぶ》（天皇に伺候する僧）寿興に知られ、天皇に最澄ありと伝えたとされる。

桓武天皇は母その人が高野新笠《にいかさ》媛《ひめ》と言い、百済《くだら》の武寧王の後裔とされ、渡来系の血筋を引く天皇であった。しかも百済の王族の多くは秦または漢の滅亡によって大陸より渡来したそれぞれの王朝の末裔であったとすれば、ここに天皇と最澄を繋ぐ遠く遙かな運命の縁《えにし》というものが隠されていることが予想されるのである。

天皇は長岡遷都の挫折より十年、なお、遷都の望みを絶たず、重臣和気清麻呂、藤原小黒麻呂等の周旋により、叡山の西北、葛野《かだの》郡宇太村を遷都の地と定めた。藤原小黒麻呂は秦氏を名乗る渡来系の血筋を引く者であり、その人が葛野の土地を都の候補地としたのは、そこが豪族秦氏の土地だったからである。その由来は遠く聖徳太子の時代にまで遡る。秦王朝の流れを汲む秦氏の一族は、百済を経て、応神天皇の御代に来朝、代々葛野の地に居着き、稲作を興し、養蚕を広め、灌漑を行い、絹織物を製作、莫大な財力を蓄えていたとされ、その一族の中から秦河勝《はたのかわかつ》なる傑物が現れ、その人を聖徳太子は抜擢、政治上の大改革を行ったのである。太子は河勝を重用しつつその人脈その財力を最大限に仰いで一大改革を可能にしたのであった。

それとほぼ同じ事を桓武天皇は行ったと見ていい。藤原小黒麻呂を重用し、その一族秦氏の持つ莫大な政治力経済力を借りて、遷都の偉業を成し遂げ、新しい国造りを始めたのだとしていい。葛野郡宇太村、現在の京都太秦《うずまさ》の地は、秦氏の本拠地であり、そこに、秦氏の日本における祖とも言うべき秦河勝を祭る広隆寺が聖徳太子によって建てられ、本尊として優艶極まりない未来仏たる弥勒菩薩像が安置されたことはきわめて意味深いことであった。外国《とつくに》に渡来してきた人々の、今は黒子として生きる外はないとしても、未来において輝かしき黄金の国を実現せんとする悲願とでもいうものをそこに感じ取ることができるからである。永遠の微笑を湛え、眠れるがごとく、半跏思惟、五十六億七千万年、己の地上への下生を待ち続ける弥勒菩薩像の中に一族の悲願、一族のメシア（未来における救世主）というものを刻み込んだと見ていいだろう。このメシア、この悲願というものは、おそらく、渡来一族の悲願として、秦河勝や藤原小黒麻呂の中に、そして桓武天皇の中にも、さらには、最澄自身の中にも、秘かに胎動し、華開く時を待ち続けていたものであったろう。
おそらく、桓武天皇は最澄の中に、最澄は桓武天皇の中に、小さきメシアの面差しを、小さき弥勒仏の気配を予感することがあったにちがいない。

九　運命の暗転、最澄ふたたび最悲となる

最澄は桓武天皇の後ろ盾を得て、朝廷において、さらには、高雄の神護寺において、様々な修法、様々な灌頂を執り行った。天皇は和気弘世（和気清麻呂の息）に詔勅を下して曰く、

真言の秘教等、未だこの土に伝うることを得ず、しかるに最澄阿闍梨《あじゃり》、幸いにこの道を得、まことに国師たり。よろしく諸寺の智行兼備の者を抜きて、灌頂三昧耶《かんじょうさんまや》を受けしむべし。

そしてついに、最澄念願の天台宗開創の詔勅が下された。延暦二十五年正月二十六日、毎年二人の年分度者を天台宗に加賜するとする詔勅が下ったのである。年分度者

とは従来南都六宗（華厳・法相等の六宗派）にのみ数人ずつ割り当てられていた国家公認の僧侶資格者であり、宗派を名乗る権利であったが、それが最澄にも許可され、ここに国家公認の天台宗が成立したのであった。破格の扱いであり、空前絶後の出来事であった。南都仏教側の非難攻撃は火を見るより明らかだった。天台宗に二人割り当てられるとすれば、年分度者の絶対数は決まっていたから、他の六宗派はその数だけ削られることになるからである。天皇も最澄もすべて覚悟の上の決断だった。両者とも奈良を捨てて、一人は新しい政治を、一人は新しい仏教を打ち建てることを使命としたからである。

天皇も最澄もわが頰に新しきメシアの風を感じたにちがいない。いよいよ新しき道に船出するのである。新しい国家、新しい仏教は今目の前にあった。

ところが、同年三月十七日、天皇が突如崩御された。さらに程なくして、天皇との仲立ちとなり、朝廷での唯一の知己であった和気弘世が急逝した。青天の霹靂であり、運命の暗転であった。新しきメシアの顔は遠ざかり、一度輝いた弥勒の姿はまた幽遠なる暗闇に閉ざされ、いつ果てるともない半跏思惟の時間を生きる外はなくなった。最澄四十歳の時である。

時代の風が変わった。平城天皇は在位わずかにして退位し、その皇弟、嵯峨天皇が即位した。嵯峨天皇は南都六宗の旧仏教との繋がりを復活し、芸術的天分に恵まれ、最澄に遅れて帰朝した空海の華麗な真言密教に即座に反応、その儀式と曼陀羅の持つ芸術性にたちまち魅せられたのである。桓武天皇が最澄を重んじたごとく嵯峨天皇は空海を重んじることになった。

最澄は桓武天皇という後ろ盾を失ったばかりでなく、天皇と共にその勢いを殺《そ》いだはずの南都六宗の旧仏教が息を吹き返し、最澄に向かって攻撃の矛先を向けてきたのである。さらに、嵯峨天皇の心酔する空海の真言密教が前面に立ちはだかった。いわば、前門の虎、後門の狼に取り囲まれることになったのである。

最澄はふたたび叡山に臥竜となった。ふたたび孤絶独往の道を歩くことになったのである。弟子たちの多くは最澄から円頓大戒を受けたとしても、正式の受戒ではないからして、叡山を去って、具足小乗戒を受けて正式の僧侶となるべく奈良の東大寺の戒壇院に走った。あるいは、徐々に時代の花形になりつつあった空海の密教の世界に走った。いわば、足下にも小さき虎、小さき狼がいて、最澄を脅かしたのである。

由来、最澄は在唐およそ九ヶ月天台の奥義を窮め、帰国する前のわずか数ヶ月の間に江南の地にあって、順暁阿闍梨から顕密一致の密教（法華経大日経の一致を奉ずる密教）を受けたのであったが、空海が長安にあって恵果阿闍梨から受けた顕劣密勝の密教（大日経を第一とし法華経を次位に置く密教）とは違うものであり、正統なる純密を称する空海とその一派からは傍流の雑密《ぞうみつ》として蔑視されたものであった。

最澄は中国に天台を求めて天台を得た。時代を求めず永遠を求めた。密教は眼中になかった。帰国直前に時代の花たる密教を摘んで帰っただけである。そしていざ帰国してみれば、時代が最澄に期待したのは密教であった。目もあやな儀式と曼陀羅と加持祈祷の密教を朝廷公家は求めたのであった。空海はそれを凱旋将軍のごとくにして持ち帰ったのである。一挙に朝廷は空海に靡いた。空海の華麗に目が眩んだ。

たしかに最初、空海は最澄を先輩として仰ぎ、教えを乞うところがあったが、桓武天皇崩御し、嵯峨天皇即位して、時代の空気が変わるにつれて、ようやく最澄も時代の趨勢を知ることになり、今や、立場は逆転、空海を師として、その正統密教なるものを学び直すことになった。空海から密教関連の典籍を借用し、さらには、高雄の神護寺において弟子たちと共に空海から両部曼陀羅の灌頂をさえ受けることになった。揚げ句には、弟子泰範が最澄の許を去り、空海密教へと鞍替えする事件まで起きた。

当時、空海に宛てた書簡に、最澄は次のごとく述べている。

「（毘盧《びる》）遮那《しゃな》の宗（密教）、天台と融通し、疏宗亦同じ、……法華（経）金光明（経）は先帝の御願なり。亦（法華）一乗の旨、真言と異なること無し。」

そしてまた泰範に宛てて、「法華一乗と真言一乗と何ぞ優劣あらん」とまで述べている。

最澄はあくまで天台大師の奥義である円融の精神に則り、真言密教まで含み入れて総合しようとしたのであるが、空海はあくまで自らの立宗のために、真言密教を第一とする純密の立場を堅持したのである。そして時代の趨勢、時代の勢いというものは止めることはできなかった。時代の脚光は最澄より空海の上に燦然と輝いた。

最澄は、その後、四十代のすべて、苦難と沈黙と逆風の中で過ごした。しかしそれが最澄をふたたび最澄に戻したのである。

最澄は逆境の人である。逆境を良しとする不屈の人である。不屈が不屈に帰っただけである。逆境が逆境に帰っただけである。天台大師が後ろ盾の隋の煬帝《ようだい》を失って真の天台になったごとく、最澄もまた桓武天皇を失って真の最澄になったのである。願文を書いた十九歳の必死の青年にふたたび戻ったのである。必死がふたたび必死に戻ったのである。ひたすらがふたたびひたすらに戻ったのである。愚が中の極愚、狂が中の極狂、塵禿の有情、底下の最澄にふたたび戻ったのであった。

最澄は叡山に独りまた素裸の道心を晒したのである。寒夜独りまた蒼い道心の火を灯したのである。道心とは寒々としたものである。素裸のものである。しかしそれは光である。己の命の根源から発する光である。それを消してはならない。それを絶やしてはならない。寒夜の一灯である。暗夜の一灯である。

最澄は月の光の下『妙法蓮華経』をふたたび見つめ直した。天台大師の『法華三大部』をもう一度繙いた。月と共にそれを読んだ。梟と共にそれを読んだ。

『妙法蓮華経』とは、かつて印度の地において、西暦紀元一世紀ごろ、いわば、法華経グループとでもいうべき狂信的な集団があって、群れをなして各地を放浪し、過激に、ひたぶるに、究極の一切平等思想を語り、述べ、伝えて、至る所で、排斥され、非難され、石もて追われた、その長い苦難のどん底の中から生まれてきたものであった。

釈尊の真髄はここ以外にないとして「有情非情同時成道、一切衆生悉有仏性《しつうぶっしょう》」を旗印に、階級制度の牢固として根付いた印度の社会にあって、階級制度を解体すべく、その底辺から這い上がり、排斥と追放を糧として、野火のごとく燃え広がったのである。

『妙法蓮華経』の中に登場し、その象徴であり、いわば、その最高の自画像とでもいうべき常不軽《じょうふぎょう》菩薩《ぼさつ》は次のごとく振る舞い、次のごとく述べ伝えた。

常不軽菩薩は衣は破れ、靴は割れ、埃まみれの顔を出逢う人々に向けては、それがどんな人であれ、乞食であれ、病人であれ、老人であれ、賤民であれ、泥棒であれ、人殺しであれ、その人たちに向かって、合掌し、礼拝し、「あなたを敬います。あなたを軽んじませぬ。あなたの中に、千年前、万年前、いいえ、久遠の昔から、すでに、尊い仏の血が流れています。わたしはあなたを敬います。」と言って、生涯卑下と汚辱と自暴自棄に凄む相手から、かえって罵られ唾吐きかけられて、なお、合掌し、礼拝を続けたのである。

最澄はこの不屈の慈悲の人たる常不軽菩薩をふたたび心底に思い描いては、今一度この人と共に歩まねばならぬと誓ったことであった。この人と共に生きなければならぬ、この人を生きなければならぬと深く決意したことであった。

時も良し、最澄四十九歳、下野《しもつけ》の人、道忠師より、僻陬《へきすう》の地に化（教え）を垂れんことを請われたのである。道忠師は鑑真の弟子であり、最澄に対して『法華経』等の書写の助力を申し出、これを叡山に納めた、いわば、最澄の外護者の一人であった。すでに最澄は全国に地を定めて、六所宝塔を建て、そこに『法華経』を納めようとする悲願を抱いていた。宝塔とは一個のタイムカプセルであり、そこに『法華経』を納めて、未来にわが道の弘まることを悲願し、未来にわが志を託そうとしたのである。あたかも『法華経』の一節、忽然として大地よりおびただしい数の地涌《ぢゆ》菩薩が出現したごとく、果てもない未来世界に、宝塔の中から、新しい無数の地涌菩薩、新しい無数の常不軽菩薩の出現を期し、新しい道を宣布することを悲願したのである。宝塔に新しきメシアの出現を祈ったのである。

最澄は、弟子たち数人と共に、上野《こうづけ》の国、下野《しもつけ》の国を訪れ、各地に寺を建て、『法華経』を書写し、名もなき無告の民に向かって『法華経』を述べ伝えた。『法華経』を書写すること数千巻、講筵に連なる者数千あるいは数万と伝えられている。そこに都の暖衣飽食の貴紳の輩、金襴紫衣の売僧《まいす》はいなかった。衣は破れ、髪は蓬髪、顔も手も足も寒風に泥埃を浴びて黒く、バッタのごとく地を這い、モグラのごとく地に蠢き、赤城颪《おろし》に歯ぎしりし、男体颪に歯を食いしばり、無学文盲の寒山拾得のごとき無数の土民の群れを、最澄は、今、目の当たりにしたのである。おびただしい数の大地の群れ、大地と共に生きるおびただしい数の土民の群れに取り囲まれたのであった。

最澄はその人たちに向かって手を合わせた。真に、始めて、合掌した。体に常不軽菩薩の血が騒ぐのを感じた。純朴無垢の土民の群れの中に尊い仏性の馨しさを嗅いだ。土民の群れこそ妙法の人、妙法蓮華の人であった。泥濘《でいねい》の中に根を張り、泥水より芽を出し、茎を伸ばし、花を咲かせる妙法蓮華の人々を感得したのである。

最澄はここに来て始めて大地に触れたと言っていい。妙法の大地、蓮華の大地に触れたと言っていい。一言もってすれば、大地の霊性というものに触れたのである。

後の世に越後に流され、上野の地、下野の地をさすらった親鸞、佐渡に流され、佐渡の地をさすらった日蓮と同じく、いわば、その先鞭を付けるごとく、この東国に来て始めて、最澄は大地の霊性というものに触れたのである。そして、この大地と共に、この大地に根付く土民たちと共に歩まねばならぬとする大乗の魂を心底に自覚したのである。

さらにはまた最澄はここに来て始めて『妙法蓮華経』の真髄に触れた。最澄もない、土民もない、同じ仏の命を生きる大地の子であると感得したのである。帰化民もない、土着民もない、絶対平等、同じ大地を生きる仏の子であると確信したのである。

六ヶ月に亘る東国巡化であった。弘仁七年二月、最澄は叡山に帰山した。そして踵を接するごとく、四天王寺、聖徳太子廟に詣でた。天台大師の師である南嶽慧思大師の生まれ変わりであるとされた聖徳太子、日本において始めて『法華経』を読み、『法華経』を宣布した聖徳太子、渡来民の秦河勝を重用して政治を行った一視同仁の人聖徳太子、その人の廟に詣でて、常不軽菩薩の道を独り歩まんとする最澄を護り給えと祈願したのである。私はそのことを確信する。

十　道心ある人、これを国宝と言う

最澄、五十二歳、「山家学生式《さんげがくしょうしき》」なるものを四度に亘って朝廷に提出した。南都六宗の制度から決別、天台宗独自の修行法則を定めた細則を提出したのである。その冒頭の一節に曰く、

国宝とは何物ぞ。宝とは道心なり。道心あるの人を名づけて国宝となす。故に古人言わく、「径寸十枚（直径一寸の珠十個）、これ国宝に非ず。照千・一隅（千里を照らし一隅を守る者）、これ即ち国宝なり」と。……道心あるの仏子を、西には（西域・印度には）菩薩と称し、東には（中国では）君子と号す。悪事を己れに向かへ（引き受け）、好事を他に与へ、忘己利他《もうこりた》（己れを忘れて他を利する）は、慈悲の極みなり。釈教（仏教）の中、出家に二類あり。一には小乗の類、二には大乗の類なり。道心あるの仏子、即ちこれこの類（大乗の類）なり。今、我が東州（日本）、ただ小像（小乗の類）のみありて、未だ大類（大乗の類）あらず。大道未だ弘まらず、大人《だいにん》（大乗

の行人）興り難し。誠に願はくは、先帝（桓武天皇）の御願、天台の年分（年分度者即ち修行者）、永く大類となし、菩薩僧となさん。

これこそ大乗菩薩道の宣言書でなくして何であろうか。最澄はついに踏み切ったのである。南都六宗の貴族仏教に敢然と背を向けたのである。東国の大地に触れ、その地の民百姓たちに宿った大地の霊性に触れた者の、もはや牢固として変わらぬ確信であった。道心とは大地であった。大地の霊性であった。山河大地と共に生き、山河大地に根付いて、ひたすら千里を照らし、一隅を守る者の心であった。

大地の道心を生きればいいのである。大地の霊性を生きればいいのである。

これこそ大乗菩薩道でなくして何であろうか。

ここで叫んでいるのはすでに最澄個人ではない。大地より忽然と出現した無数の常不軽菩薩の一人が叫んでいるのである。そして大地より忽然と立って、忘己利他、生きとし生けるものに向かって合掌し礼拝したのである。草木に合掌し、山河に合掌し、鳥獣に合掌し、土民に合掌し、病人に合掌し、悪人に合掌したのである。それら一切のものの中に存在する尊い仏の命に向かって合掌し礼拝したのである。

道心ある者は同時にすべてのものの中に道心を見た。それが最澄であった。

道心とは菩提心、仏の叡智を求める心、真実の道に生きんとする心である。

道心あれば最濁のままで最澄であった。道心あれば士民のままで仏子であった。道心あれば餓鬼畜生修羅人間のままで仏子であった。道心あれば生老病死もまた永遠であった。道心あれば生死もまた仏の御命《おいのち》であった。

それこそが最澄の選び取った大乗菩薩道であり、山家学生式の言わんとする奥義であった。それをもって最澄は残された六年の歳月をまっしぐらに駆け抜けるのである。

十一　奈良仏教との論戦

この時期最澄は二つの論争を開始した。一つは唯識法相宗の学匠徳一法師との論争であり、一つは南都仏教の僧綱を相手取っての論争であった。前者は『守護国界章』に結実し、後者は『顕戒論』に結実した。いずれも桓武天皇亡き後、嵯峨天皇の御代、その暗黙の保護政策の許に勢いを復活した南都仏教側からの最澄天台宗への反撃に対して、敢然と、一人、その矢面に立って、なされたものである。前門の虎たる空海密教と決別、後門の狼たる南都仏教と論戦を開始し、足下には弟子たちの離反があった。四面楚歌であった。ある意味で、それは無くもがなの論戦であった。釈迦のいわゆる置答をもって答えればよかった。不問に付すればよかった。一人黙して、審判を後世に委ねればよかった。しかし最澄は立ち上がった。自らの騎士道を守らんとするドン・キホーテのごとく、風車に向かって剣を揮い、羊の群れに向かって剣を揮ったのである。

それは最澄の逆鱗に触れた。何よりも『法華経』を否定し、自ら師とする天台智者大師の教えを否定するものであったからである。ひたすらさのDNAが目覚めたのである。まっしぐらの遺伝子がうぬと言って立ち上がったのである。

最澄の二大主著たる『守護国界章』、『顕戒論』を論じることは一冊の書物を成すであろう。ここでは要を取って述べるだけである。前者は『法華経』の精神を訴えたものであり、天台智者大師の『法華三大部』に則り、生きとし生けるものの真実性、生きとし生けるものの平等性、生きとし生けるものの仏性性というものを、論戦を通して、高々と歌い上げたものであった。論戦相手の唯識法相宗の印度伝来の五姓格別説（有情非情の区別、人間と他の生物の区別、人間同士の間の仏性の有無、救われる者と救われざるものとの区別等）、僧侶の修行における果てもない段階成長説（あの「相待妙」説）などを相手取って、法華経の真髄たる円融と絶待妙と一切平等の救済性を訴えたのである。論争は微に入り細に入り、法華経と他の一切の経典との間、さらには法華経の前半（いわゆる迹門《しゃくもん》）と後半（いわゆる本門）との間の権実《ごんじつ》（方便の教えか真実の教えか）の問題などに及んで果てもない。

後者の『顕戒論』なるものは奈良仏教において僧侶となるための受戒の対象たる小乗具足二百五十戒に対して、法華経一乗の精神に則り、大乗菩薩戒をもって、受戒の対象とし、それに基づく戒壇院の設立を訴えたものである。

両者共、奈良仏教から独立して、真の新しい大乗菩薩道の大道を日本に打ち建てんとする悲願を語ったものである。

一戒即一切戒であった。大乗菩薩道を歩むこと、それが唯一の戒であり、その一戒こそが一切戒に外ならなかった。忘己利他、それが唯一の戒であり、一戒即一切戒であった。道心護持、それ以外に戒律はないのである。常不軽菩薩を生きること、それが大乗の戒律であり、その一戒が即一切戒であった。

最澄は徳一法師に向かい、僧綱たちに向かって、合掌し礼拝すればよかった。そしてふたたび非難し軽蔑し嘲罵してきても、なおも合掌し礼拝し続ければよかった。「あなたたちを敬います。あなたたちを軽んじませぬ。あなたたちの中の尊い仏の命を敬います」と言い続ければよかったのである。それこそが印度において排斥と追放を生き抜いてきた法華経宣布者の精神であり、大乗菩薩道の真髄であり、常不軽菩薩の久遠の悲願でもあったからである。

十二　一隅を照らす

ここで、前述の「山家学生式」中の一句について補足を付け加えておきたい。原本の「照千一隅《しょうせんいちぐう》」は従来「照于一隅《しょうおいちぐう》」と書かれ、「一隅を照らす」と読み慣らされてきたものであるが、現在の考証では、その一句が『史記』(世家第十六)の「千里を照らし、一隅を守る」から引かれたものであり、斉の威王が二人の部下の働きを誉め称えた言葉であったとされる。しかしながら、私は従来の「一隅を照らす」の読み方で一向に構わないと信じている。もしかしたら最澄自身が確信をもって「照千一隅」を「照于一隅」と書き間違えたのかも知れず、そこに、いわば、聖なる誤解とでもいうべきものが起こったのであるとさえ、私は信じて疑わない。今も、延暦寺の根本中堂の入り口には「一隅を照らす」という文字が大きく掲げられてある。それでいいと、そこに最澄の本心はあったのだと私は確信している。

「一隅を照らす」こそは『法華玄義』の絶待妙の精神、『摩訶止観』の円転円融の精神を一句をもって喝破したものであると思うからである。誰であれ、何物であれ、生きとし生けるものが今居るところで光を放っているのである。中心もない、辺境もない。辺境即中心である。最高もない、最低もない、最低即最高である。地獄もない、天国もない。地獄即天国である。すべてのものの今居るところが中心であって、そこで光を放っているのである。それが絶待妙の姿であり、円転円融の風景であった。

地獄に居ても一隅を照らしているのである。餓鬼となり畜生となり修羅となっても一隅を照らしているのである。草も木も花も鳥もけものも虫けらも、今居るところで、光を放って、一隅を照らしているのである。誰であれ、何者であれ、病人も老人も悪人も、女性も男性も、すべての人間が、今居るところで、光を放ち、一隅を照らしているのである。それが光の円融であり、仏性円転の秘儀であった。宇宙生命の有り様であった。

すべては久遠実成《くおんじつじょう》の仏の光を放っているのである。その一片を担い、その一滴を宿して光っているのである。今居るところで、そこがどこであれ、一隅を照らさざるものはいないのである。であればこそ、常不軽菩薩は一切のものに向かって合掌し礼拝したのである。一切は光の子であり、仏の子であった。

一隅を照らす。一切はそのままで輝いているのである。すべてのものは一隅に居てすでに照らされているからである。

十三　メシアの書『法華秀句』を書く

最晩年、最澄は叡山に大乗菩薩道の修行者を育成すべき戒壇院を設立すべく弟子光定と共に奔走した。戒壇院設立趣意書とでもいうべき書類を朝廷の要路の者に提出し、嵯峨天皇の勅許を仰いだのである。そればかりでなく、奈良仏教の中枢にして寺社の監督庁でもあった僧綱に向かって、同じ趣意書を提出し、許可を求めた。しかしながら、いずれも、つねに却下され、不問に付され、差し戻された。朝廷にして、その仏教政策のすべては奈良大寺の僧綱の同意を仰がねばならず、つねに時期尚早をもって、天皇への提出を延期した。

その間、最澄は、すでに『守護国界章』、『顕戒論』を著して、奈良仏教との論争を終えていた。たとえそれが無効に終わったとしても、すでになすべきことはなし終えたのである。日本こそ大乗の国であり、いまだ見ぬ未来に、この日本の大地から地涌菩薩のごとく大乗の救済者が出現することを確信していたに違いない。

今はただ、わずかな弟子たちと共に叡山にあって、夕靄に包まれた杉林の中を遠い悲しい蜩の鳴き声を耳にしつつ『法華経』を唱え、杉の葉越しに洩れてくる月明を頼りに『法華経』を繙き、夜更けては燈明の下『法華経』についてさらなる思いを凝らすばかりであった。

夜半、眠られぬままに、筆を執って、最澄は最後の書たる『法華秀句』を書き進めた。すでに『守護国界章』の余燼もかすかに、論争の濁りも消えて、月の明かりと共に透明に澄み渡り、おのがじし、『法華経』の魂が薫りを放って漂い出し流れ出すばかりだった。

それは一個の未来記であった。一個のメシアの書であった。『法華経』が己の未来を語り出したのである。

娑竭羅《しゃかつら》竜王《りゅうおう》に女有り、年始めて八歳なり。智慧利根にして、善く衆生の諸根の行業（行い）を知り、陀羅尼（真言）を得、諸仏の説く所の甚深秘蔵（深き智慧）を悉く受持せり。深く禅定に入りて、諸法に了達す。刹那の瞬間に菩提心を発して、不退転（の決意）を得たり。弁才は無碍《むげ》にして、衆生を慈念すること赤子のごとし。慈悲仁譲にして志意和雅、よく菩提に至ると。

八歳になる竜女が菩提心を発して、坐禅をし、真言を得、仏智を得、衆生を慈念することと赤子を見るごとくにして、ついに、仏に成ったというのである。竜が畜生の身にしてなお仏に成るという。女人が障り多くしてなお仏に成るという。幼女が八歳にしてなお仏に成るという。もっとも救われざるものが救われるとしたのである。奇蹟の教えである。『法華経』の奇蹟である。『法華経』にして始めてそのことが宣布されたのである。一切衆生悉有仏性である。竜女は一例である。そして一例は万例である。畜生に仏の心が宿り、餓鬼に仏の心が宿り、修羅に仏の心が宿り、人間のすべて、病人、老人、悪人に仏の心が宿り、すべては仏の子であり、光の子であるとされたのである。

かつて叡山に一人登り、己を思い詰めて、愚が中の極愚、狂が中の極狂、塵禿の有情、底下の最澄とまで自覚し徹底した。今もなお、それは変わらぬ。最濁の身である。しかしその最濁の身にも月の光は差し込んでいるのである。隈無く月の光に照らされて、最濁のままで身は最澄に澄み切っているのである。これを絶待妙と言わずして何と言おう。霊妙と言わずして何と言おう。もっとも遠ざかった時もっとも近づいているのである。円転の真実であり円融の逆説である。長い放浪であった。長い流転であった。一人の男が、母から肌着に宝玉を縫いつけられたのも知らず、宝玉を求めて世界を放浪し、老いて、虚しく、郷里に帰り、ふと肌着を脱いで、そこに宝玉を発見する。『法華経』は長者窮子《ぐうし》の譬えをもって、そのことを語った。そして今最澄はそのことの真実を改めて知るのである。何という徒労、何という放浪、何という紆余曲折、何という回り道であったことか。しかしそれあればこそ、宝玉在中の真実を知ることができたのだ。

そしてまた思い出されて来る。

『摩訶止観』は語るのだ。生死即涅槃、煩悩即菩提と。しかしその「即」は永遠である。その「即」は果てもない徒労、果てもない彷徨、果てもない紆余曲折である。その果てもない回り道なくして生死即涅槃とはならぬ。煩悩即菩提とはならぬ。人間は生死にもがき苦しむのである。煩悩に七転八倒するのである。であるが故に菩提心を発し、真実の道を求めようとするのである。そして生死と煩悩のただ中にあってふいに月の光に照らされるのである。その瞬間、生死のままで涅槃であり仏の命であることが、煩悩のままで菩提であり仏の命であることが一挙に照らし出されてくるのである。救われざるものがすでに救われているものであったことが照破されてくるのである。

夜も更けた。手を差し伸べれば、掌に月の光が一枚一枚金箔のごとく落ちて重なるのを感じる。今はもはや何もいらない。月明かりにもう一度摩訶止観という言葉が思い出されてくる。その言葉だけが残ったとしていい。今ならば断言できる。摩訶とは身なきを言う。止観とは身なきところより生まれる仏の智慧、身なきところより生まれ出る仏の働きを言う。これですべては尽きている。己も、宇宙も、一切はこれで尽きている。身なきところ、果てもない宇宙生命のただ中、そこから、一瞬、一瞬、己となって生まれ出、己となって働き出る。すべては光の飛び跳ねである。久遠実成の仏の命の華やぎである。すべてはその一挙手一投足である。一瞬、一瞬、宇宙は妙法蓮華の開花である。霊妙なる奇蹟の現成である。合掌する外何ができよう。礼拝する外何ができよう。

最澄は筆を置いた。

暗い杉木立の間に久遠の仏が咳払いをする気配がした。

十四　最澄の真の弟子とは親鸞道元日蓮

弘仁十三年六月四日辰の刻（午前八時ごろ）、最澄は比叡山中道院において入寂した。享年五十六歳であった。臨終の床にあって、弟子光定に告げて曰く、

「我がために仏を作るなかれ。我がために経を写すなかれ。我が志を述べよ。」

わが最澄のために仏像を作り、経典を写し、伽藍を建てることなかれ。ただ、わが志わが悲願を述べ伝えよと告げたのである。

そしてその七日後、朝廷より大乗戒壇院建立の勅許が下された。その日を見ずして最澄は逝去した。

最澄はより多く未来を生きた。いまだ見ぬ大乗菩薩道を生きた。いまだ現れぬ地涌菩薩として生きた。最奥の法華経を生きた。

没後、比叡山はより多く密教に傾き、政治と権力に近づき、現世利益に傾いた。天台宗のために仏像を造り伽藍を造るばかり、最澄の志を述べるものはかすかとなった。

「韻、高ければ、和するもの寡《すくな》し、われ甚だこれを傷《いた》む。」

天台智者大師の詠嘆は地下の最澄の詠嘆でもあったろう。

およそ四百年の後の鎌倉時代、比叡山に登りそして比叡山より下った、法然、親鸞、栄西、道元、日蓮たちが、最澄の真の志を述べ伝えるべく、地涌菩薩のごとく出現した。法然、親鸞はより多く『摩訶止観』の中の懺悔の精神を、栄西、道元はより多く『摩訶止観』の中の禅定の精神を受け継ぎ、日蓮はより多く『法華玄義』の中の法華一乗の精神を受け継いだ。最澄の伝えた天台の古代蓮は四百年の後これら五人の真の弟子によってふたたび甦り、華を開くことになったのである。

最澄は死後ふたたび誕生した。四百年の後にふたたび生まれ変わった。

第六章　村田珠光

一　茶祖

珠光は歴史上茶祖と呼ばれ、後に武野紹鷗《じょうおう》、千利休へと連なって、茶道の大きな流れの源となったとされる人物である。

谷川の一滴の水は己の未来を知らない。大河となって流れ行く己の未来を知らない。前に道はない。後ろにも道はない。うす暗い森の中、木の根に阻まれ、落ち葉に隠れ、山の土に埋もれつつ、ただ己の必然の性《さが》に促されて、下へ下へと流れて行くばかりである。弱く、細々と、しかも、湧き上がって止まぬ清水の命ずるままに、澄みに澄んで、潺々《せんせん》として下って行くだけである。それが後に大河となるとは誰も知らない。本人もまた知らない。

谷川には自覚がない。しかし谷川としての人間には自覚というものがある。もちろん己の未来に対する自覚ではない。即今現在の己に対する自覚である。いつ途絶えてしまうか分からない、どこへ行くのかも分からない、小さい、か細い、潺々たる己に対する自覚である。おそらく、裸一貫、ただあるのは胸の覚悟一つとでも言うべき自覚である。

私は自らの未来を知らない村田珠光と共に、茶祖でも何でもない、そんな未知の無名の中に行き暮れた村田珠光その人を書いてみたいと思う。

その人は遙かである。村田珠光、人呼んで「じゅこう」とも「しゅこう」とも言われ、今はより多く「しゅこう」と言い慣らされているその人は歴史の暮明の中できわめてかすかな光を放っているにすぎない。室町期の動乱、応仁の乱の前と後、そこに紛れてかすかに見え隠れするだけである。著述があって後世に残されている訳ではない。茶人として天下に名だたる活躍を示した訳でもない。わずかに数少ない弟子や身内の者に覚え書き程度の書き付けを残しているだけである。あるいは後の紹鷗、利休その他の茶人たちの茶話の中でその人の片言隻句やら思い出やらが口伝えに語られているにすぎない。

二　足利義政の東山文化圏に入る

珠光（一四二三〜一五〇二）は村田杢市検校《もくいちけんぎょう》という人物を父として奈良に生まれた。杢市検校とは、一説には、杢一を名乗る平家琵琶の奏者であったとし、一説には、東大寺の大工司であり、今で言う、寺社等の建築に携わる寺大工の棟梁を指すものであったとするが、私はあえて後者の説に従う。おそらくは、その縁をもって、興福寺派の末寺と言われた市内の称名寺に、十代の頃、小僧としてか下僕としてか入寺したに違いない。ところが、二十代の後半、父の仕事を受け継ぐことも称名寺の住職の跡を継ぐこともなく、寺を捨て、京に上ったという。その辺のことについてはほとんど記録がなく、杳として分からない。ただ、上洛して後、何らかの縁をもって、足利義政の同朋衆《どうぼうしゅう》の一人能阿弥の知遇を得たごとくである。同朋衆と言えば、将軍家の内々の生活において茶菓の給仕や茶道具美術品等の蒐集管理に携わり、唐物《からもの》奉行とも言われた侍臣のごとき存在だったと思われるが、その内の一人能阿弥と知り合いになったのである。能阿弥、芸阿弥、相阿弥と三代に亘る阿弥家の筆頭をなす人物である。その人から珠光は書院茶というものと書院を飾る唐物美術品の飾り方とそれら名品に対する鑑賞力とでもいうものを学んだようである。というのも能阿弥から後に『君台観《くんたいかん》左《そ》右《う》帳《ちょう》記《き》』という秘伝書を譲り受けたからである。それは君台観（将軍楼台あるいはその書院の飾り方）についての左右（同朋衆ないしは侍臣）の記帳とでも言うべきもので、前半が足利将軍家蒐集になる中国絵画の作者たるおよそ百五十名の画人録ないしは品評録、後半が書院飾りとその道具についての絵記録であった。珠光はそのような記録を貰い受けたのみならず、おそらくは、能阿弥その人から、親しく、将軍家御物《ぎょぶつ》たる数々の名品をじかに目の当たりにする機会を与えられたであろうし、同時に将軍家における書院茶とそこにおける書院飾りの作法一般などもじきじきにその人から手ほどきを受けたことであったろう。

当時すでに武家公家の間では闘茶（茶の品質の飲み較べ）が、奈良では庶民の間で淋汗茶《りんかんちゃ》（夏の頃、風呂に入り、出ては茶を飲んだりすること）なるものが盛行し、さらには、将軍家にあっては、書院茶なるものが始められていたと言われるが、珠光にとって、始めて目にする書院茶の荘厳な儀式とそこに飾られた中国絵画の名品の数々には驚きの目を見張ったことであったろう。広い書院の一角に屏風をもって囲いし、押し板と言って後の床の間の原形となった仮の板の床に三具足（香炉と燭台と花瓶）を並べ、奥の壁に中国の名品たる絵を飾り、その前で、御物たる青磁白磁の茶碗をもって茶を飲む、そのほとんど仏前礼拝の儀式のごとき光景には只々固唾を呑むばかりであったろう。そこに一種の美の宗教とでもいうものを見たと言っても過言ではないだろう。

後にそれらの記録たる『君台観左右帳記』を手に、何度も何度も、中国画人とその作品の上中下に亘る格付けの記録を見、書院茶と茶道具の飾り方の図を見ては、かつて見た実物を思い返し、その時の感動を反芻したことであったろう。あるいは、父親が寺院建築に携わるものであったとすれば、珠光にもその建築技師としての一種のデザイナー感覚とでもいうものが伝わり、にわかに胎動し始めたであろうことも考えられる。空間構成ないしは物の配置に関する創意工夫の感覚、一言で言えば、インテリア・デザイン感覚、それがにわかに目覚めてきたとも言えよう。美の空間あるいは空間の美に対する果てもない想像力への道が始まったのである。もしかしたらこの想像力への道が珠光において茶の湯への道よりも先に芽生え、やがてそこへと総合されていったと言っても言い過ぎではないだろう。

珠光に対する能阿弥の影響はその意味で決定的なものであったと思われる。あるいは珠光の深いところに眠っていた独自の才能に火を付けたと言ってもいいだろう。しかしながら珠光は能阿弥の弟子にならなかった。あるいは光阿弥とでもいう名をもって将軍家に入って御物の鑑定家となったり、書院茶を継承するということもなかった。

思うに、珠光には何事に対してもその既成の圏内に留まろうとする帰属意識というものはなかったように見える。自分の中に自覚され芽生え始めたかに見えるデザイナー感覚、つねに何事に対しても創意工夫を尊び、未知と発見に賭ける溌剌たる精神の持ち主だったように思えるのである。

三　一休和尚との邂逅

あたかもそのような時節に際会して、珠光は一休と出逢ったのである。茶道史の常識では、大徳寺真珠庵に参禅、一休より親しく禅の指導を受けたとあるが、それはきわめて不正確であるばかりでなく、後世の権威付けによる事実の誤認がそこに含まれているようである。茶道史や珠光研究の書物を見るに、珠光を一休の側から丹念に調べ、検索した跡が見えない。『一休和尚年譜』というものさえ一通り目を通したという形跡もないようである。

一休は大徳寺に居ない。大徳寺で修行したこともなければ、大徳寺という教団を認めたこともなければ、大徳寺において一定期間正式に住持だったことは一度もないのである。中年、大徳寺の塔頭《たっちゅう》如意庵に要請されて入るも、十日を経ずしてそこを去った。最晩年これまた請われて大徳寺住持（今で言う管長）に成るも一月を経ずしてまたそこを去った。一休はたったの二回大徳寺を通り過ぎただけである。つむじ風のごとくそこを吹き抜けただけである。ただ、そのような一休がどうして大徳寺と結びつき、そこに縁があったかというに、一休の師である華叟宗曇《かそうそうどん》が大徳寺で修行したからであり、一休の兄弟子たる養叟が後に大徳寺の住持になったからであり、それ以後何かにつけて大徳寺側から一休を必要としていたからである。

珠光は大徳寺のいずれかの塔頭において参禅したということはあり得るだろう。しかしそこで一休と出逢い指導を受けたということはあり得ない。ましてやそれが大徳寺真珠庵において行われたということはあり得ない。正式の真珠庵は一休の死後に建立されたからである。強いて細かく見れば、ある記録によれば、真珠庵の前身ともいうべき原真珠庵なるものが永享年間（一四二九年～一四四〇年）に一休の弟子、堺の尾和宗臨なる者によって建てられ、応仁の乱（一四六七年～一四七七年）において焼失したとあるが、別の記録によれば、享徳二年（一四五三年）浴室、山門、如意庵、大用庵を除いて大徳寺全焼とあるので、その記録を信じるならば、応仁の乱以前に享徳二年（一四五三年）に原真珠庵は焼失していることになる。したがって、それらの記録を考え合わせると、原真珠庵はすくなくとも永享年間から享徳二年までの、長くても、およそ二十四、五年は存在していたということが考えられないことはない。しかしその間は、珠光の六歳から三十歳ごろまでの期間であって、珠光はまだ奈良にいたはずである。一方、一休は永享十二年（一四四〇年）四十七歳、大徳寺如意庵に一時期入ったとしてもすぐにそこを去っていて、それ以外大徳寺に入寺していたということはないのである。むしろ、永享四年、三十九歳、一休は始めて堺を訪れ、滞在したことが知られ、以後足繁くそこを訪れ、尾和宗臨と知り合い、師弟の関係を結んだのであろう。となると、弟子になって間もない尾和宗臨が一休のために大徳寺に真珠庵なるものを建てるということはあり得ないはずである。ましてや尾和宗臨はその死が文亀元年（一五〇一年）だとして遡ると、原真珠庵の建立とされる永享年間（一四二九年～一四四〇年）には宗臨はその当時まだ十代か二十代のころであって、建立できる年齢に達してないだけでなく、知り合って間もない一休のために真珠庵なるものを建立する謂われはないであろう。

以上煩瑣な考証を検討した上で、ほぼ確実なこととして言えるのはきわめてわずかなことだけである。一つは享徳二年の直前、珠光二十九歳か三十歳の頃上洛して、いまだ焼失以前の原真珠庵に珠光がほんのわずか参禅したことはあり得るだろうが、その時は一休はそこに居なかった。一つは一休の死後俗弟子の堺の尾和宗臨が一休のために大徳寺に真珠庵を建立（ないしは再建）したことであり、もう一つはその真珠庵建立のための香銭帳（寄付帳）に一休の直弟子数名の氏名に並んで「村田珠光」の名があったということである。

珠光はたしかに一休と出逢った。運命の出逢いをした。しかし大徳寺ではなくて、洛中において出逢った。一休は享徳元年（一四五二年）、五十九歳のころ、洛中三条と四条との間に位置する一つの庵に住んだと言われている。俗弟子陶山《すやま》氏（足利将軍配下の武士）の別邸の一部を庵として、自ら「瞎驢庵《かつろあん》」と命名、そこに定住することになったのである。一方、珠光はこの頃二十代の後半から三十代にかけて、奈良を離れて京に上り、四条辺りに住んだことが考えられる。というのも、その婿養子たる宗珠が珠光の跡を継いで、そこで奈良屋なる店を構え、一隅に茶室を営んだことが知られているからである。一休六十歳頃、珠光三十歳頃のことであった。どのような経緯をもって出逢ったかは定かではない。上洛間もなく、ふとした偶然をもって、珠光は足利義政公の同朋衆の一人能阿弥の知遇を受け、おそらくは、その縁をもって、大徳寺に参禅、たとえ寺外に居たとしても、一匹狼のごとく恐れられ、強烈な個性をもって鳴る一休和尚のことを聞き知ることになり、一休居ます瞎驢庵に直参《じきさん》したことが想像されるのである。

一休はその頃意気軒昂たるものがあった。二十代琵琶湖西岸堅田の祥瑞庵の華叟宗曇師の許で共に修行した兄弟子たる養叟が出世して大徳寺の住持に就き、相国寺等の当時の五山に匹敵する大寺への格上げを謀る大徳寺の教団拡張とその弟子一派の勢力を拡大する行き方に対して、一休はことごとく異を唱え、孤立無援を覚悟の上、求道一徹、禅精神の徹底を訴えて、あえて孤絶の道を歩んでいたからである。

その頃の一休の詩に次のようなものがある。（宝徳三年、一四五一年、一休五十八歳）

大燈国師行状末に題す
大燈を挑《かか》げ起こして一天に輝かす
鸞輿《らんよ》　誉れを競う法堂《はっとう》の前
風飡水宿《ふうさんすいしゅく》　人の記する無し
第五橋辺　二十年
（大きな灯を掲げて天下に輝かす、天皇や公家などの輿《こし》が大徳寺の法堂の前にひしめき合うようなことばかりを記し、（大燈国師においてもっとも大切な）風飡水宿の生活のことは誰も記憶していないし誰も記さない。国師は五条大橋の辺りで二十年も長養されたのだ。）

ここに一休のすべてがある。禅の精神が今まさに滅びようとしていることを鋭く指摘したものである。後の利休が「十年を過ぎずして茶の本道すたるべし、すたる時、世間にてはかえって茶の湯繁盛すと思うべきなり」と言った、警世の言葉の先駆をなすものであろう。大燈国師とは大徳寺の開山であり、大燈からその師大応国師へ、さらには、その師たる中国宋の時代の虚堂智愚《きどうちぐ》へと連なる正統臨済禅の流れを大きく日本に引き寄せた禅僧であるが、鎌倉建長寺の大応国師の許で悟りを開き、師より「聖胎長養《しょうたいちょうよう》二十年、悟後の修行を勉めよ」とする教えを守って、上洛、賀茂川辺の乞食の群れに留まること十数年、風飡水宿（風の中で食らい水辺に宿る）の生活を続けたことを詠ったのである。当時賀茂川の河原一帯はいまだ堤防なく、現今の河原町を含んで、はるかに広く、三条四条五条にかけて、繰り返される饑饉等のために諸国から流民難民逃民がおびただしく流入し、そこに棲みつき、乞食となり病人となり半死人となり癩人となり、数千人の群れをなして、ひしめき、うごめき、死に掛かりする中を、大燈国師は、同じ乞食姿をして、共に食い、共に語り、共に坐りしていたのであった。禅は乞食非人の中で鍛えねばならぬ。禅の精神は吹きっ晒しの風飡水宿の中で鍛えねばならぬとする苛烈な要請の許に生きていた。

一休もまた賀茂川の畔にあっていよいよ数を増す非人乞食の群れに身を投じていたのであり、風飡水宿を我が事としていたのである。それが「風飡水宿、人の記する無し。第五橋辺、二十年」の詩の意味であった。

一休は後小松天皇の落とし子と言われ、一休を身籠もった公家・花山院某の娘たる母は朝廷を追われ、嵯峨の民家において一休を生んだ。一休はそのことを自覚、堕ちる外はない境涯を生きたのである。下へ下へと下る境涯を生きたのである。風飡水宿こそわが生涯であり、非人乞食こそわが隣人であった。一休の禅風とはかくのごときものであった。禅は上昇志向であってはならぬ。大乗とは上るものではなくて下るものである。禅は大乗である。禅は吹きっ晒しである。外部である。風飡水宿である。大寺の禅堂の中にはない。大徳寺はすでに上昇志向の寺と化した。そこに禅はない。大燈国師はいない。

大徳寺を捨てて、大燈国師を取るべきである。大燈国師に戻るべきである。大燈国師―徹翁義亨《てっとうぎこう》―言外宗忠《ごんがいそうちゅう》―華叟宗曇《かそうそうどん》へと伝わった禅の精神を今一度呼び戻すべきである。一休は悟りを開いて、師から、その印可状（資格証明書ないしは仏祖に連なる正式の血脈書）を受けた時、それを破り捨てた。禅は不立文字《ふりゅうもんじ》である。拈華微笑《ねんげみしょう》である。大地と一体となり、大自然と一体となり、宇宙と一体となることである。全宇宙が一休であり、一休が全宇宙である。瞬間瞬間の自他なき融通無碍である。それでいい。それだけでいい。そこに何の印可状、何の証明書が必要であろうか。

一休は大徳寺ではなくて賀茂川の河原近く四条の瞎驢庵にいた。言わば、大燈国師の近くにいたのである。大燈国師と共に風飡水宿を生きていたのである。そこは天下に名だたる地獄変の場所であった。記録によれば、ある年には、饑饉極まり、五条大橋より、その上流を見れば、屍体無数、塊石のごとく積み重なり、そのために水の流れは塞き止められ、腐臭耐え難しとあり、わずか二ヶ月の間に、洛中の死者、八万二千人を数えたと言う。

夜陰、一休は珠光と連れ立ってその五条大橋の下を訪れ、非人乞食と共に飯を食い、茶を啜り、戯れ言《ざれごと》を言い、頭上の三日月を見上げ、さらには、傍らの髑髏に語りかけ、髑髏の中で鳴く蟋蟀《こおろぎ》の声に耳を傾けることもあっただろう。珠光に向かって素裸の自分、一休骸骨というものを見せたであろう。そして問わず語りに自分の慕って止まない唐の初期の禅者達、山に籠もり、洞窟に住み、僻陬の地に潜んで禅を極めつつあった禅者達の、何者にもまつろわぬ、反抗と野性と求道の精神、山深い四川省出身の禅者に付けられたあだ名、「囉苴《らそ》」（ごつごつした泥、荒土、野性）の精神とでもいうものを語って止まなかったであろう。禅とは「囉苴」である、風飡水宿であると語って倦まなかったであろう。

そしてまた瞎驢庵に戻っては、共に対座、狭い四畳半の座敷に座って、飯を食い、茶を啜り、坐禅を組んだことであろう。やがて珠光は壁に掛けてある墨蹟を見て、一休に尋ねる。一休答えて、それが宋の時代の禅者圜悟克勤《えんごこくごん》の直筆の書であり、後の臨済宗の一大経典ともなった『碧巌録』の編者であり、後の虚堂智愚へと連なり、さらに、そこから大応国師、大燈国師へと連なる大禅者の墨蹟であると語ったに違いない。

四　茶室の始まりは一休の瞎驢庵

珠光は瞎驢庵にあって一休と共に何日何ヶ月共に過ごしたであろう。一休と共に居て、珠光は禅を得、坐禅を学んだというより、むしろ、一休そのものの稲妻のごとき下降の精神、一休そのものから放たれる悲劇感、その徹底した在野の魂というものに打たれ続けたに違いない。

珠光は一休の中に見た。時代がふたたび乱世に向かいつつある中、その時代感覚、その乱世の感覚とでもいうものをいち早く自覚し、先取りし、生き始めた覚醒の人、「今は乱世である。故につねに乱世に身を晒していなければならぬ」とするがごとき苛烈果断の精神の持ち主を見たのである。一休とはつねに外部の人である。圏外の人である。境界の人である。まつろわぬ人である。言わば、乱世の哲学を生きた人である。南北朝の果てでもない擾乱はまだ昨日のことであった。応仁の乱はすでに眼前に控えていたのである。

珠光は己もまた同じ乱世の哲学を生きなければならぬとする決意のごときものが心底より沸々と湧き起こったに違いない。おそらくは、それが一休からじかに得た最大の贈り物であった。後に一休より克勤の墨蹟を譲り受けたとしても、それは師から弟子へ手渡される禅修得の印可状のごときものではなかったはずである。前述のごとく、一休は師からの印可状を破り捨てたのであり、禅は不立文字であり、拈華微笑であり、したがって手渡すべき何物もなかったのである。欲しければやるさと、気安く、珠光に与えたに違いない。一休骸骨に飾り物は要らないのである。

後に珠光は一休の瞎驢庵を四畳半の茶室に見立てたであろう。克勤の墨蹟の掛かったその壁を茶室の床の間に見立てたであろう。そして後の己の床の間に掛け軸の始まりというべき克勤の墨蹟を掲げたであろう。狭い四畳半の庵室に珠光と一休二人対座して茶を飲む、もはやそれ以外に何物もない、完璧無比の、一座建立《いちざこんりゅう》、一期一会の、絶対の至福というものを自覚したであろう。破れ障子から月が射す、四条河原の風が吹き込んでくる、その風飡水宿の風景を露地に見立てたであろう。

珠光は一休に向かって、その庵になぜ「瞎驢《かつろ》」なる名前を付けたかと尋ねる。一休は答えたであろう。

盲目の驢馬であると。それは臨済禅の始まりを告げる唐の時代の禅者臨済義玄が示寂の直前弟子たちに向かって「汝ら瞎驢辺に至ってわが仏法は滅ぶであろう」と予言したことを想って付けた名前であると。「わしこそは瞎驢である。仏法はわしに至って滅ぶということさ」と言い放ったにちがいない。痛烈なる自己呵責である。過激なる自己決断である。

しかもその底には強烈な宇宙的なまでの一大自己肯定が含まれていた。禅の言葉はつねに二重性を持っている。表面が否定で裏面が肯定、表面が肯定で裏面が否定という二重構造を持っている。瞎驢は盲目の驢馬である。目明き驢馬からすれば、否定的でマイナスのイメージである。禅のこと仏法のことが何も分かってない、盲目の驢馬である。臨済禅師は文字通りその意味をもって弟子たちに向かってそう言い放ったのであろう。

しかし一休はそれを逆手に取ってわが庵に瞎驢と名付けたのである。禅は瞎驢にまで徹底しなければ手に入らないと、目明きの驢馬では禅は手に入らないと自覚徹底していたのである。目明きの状態では、意識や言葉や五感などで理解している状態では、つまりは、分別知に振り回されている限りは、禅と一体となり、大自然と一体となることはできないと覚悟していたのである。瞎驢とは無分別知である。無分別知に至らなければ、大自然と、融通無碍、一体となることはできないのである。瞎驢とは禅の極意である。瞎驢庵とは、一瞬一瞬、今を永遠とし、ここを宇宙とする、一大生命の華やぐ場所である。

一休は瞎驢を名乗りながら、瞎驢でなければ覚醒できない、大いなる宇宙の逆説を生きたのである。

問わず語りに、一休は珠光に向かって、そのようなことを、天下無双の諧謔をもって語ったでもあろうか。

今は、大徳寺にも、ましてや、相国寺などの五山にも瞎驢は一人もおらん。目明きばっかり、明きめくらばっかり、頭のいい、抜け目ない、分別知にはち切れんばかりの、大秀才ばっかりである。瞎驢は一人もおらん。宇宙大の大馬鹿もんはおらん。宇宙と一つになった大瞎驢はどこにもおらんと言い放ったにちがいない。

禅は瞎驢である。宇宙は瞎驢である。瞎驢でなければ手に入らないものである。

後に珠光は弟子たちの一人に向かって、自分の茶の湯のあり方を語って、「藁屋に名馬を繋ぎたるが良し」と言ったと伝えられている。茶道の常識では名馬とは茶道具における名品を指すとしており、事実それ以外のものではないのであろうが、珠光の心底にあっては、名馬とは一休を指していたのだと、私は勝手に思い込んでいる。あるいはもっと言えば、名馬とは瞎驢を指しているのだとまで思っている。瞎驢庵に一休の居る風景、それこそが藁屋に名馬の繋がれている風景であると、珠光は、今は取り返すすべもない懐旧の情をもって、懐かしんだことであったろう。

そこまで徹底しなくとも、藁屋とは一休の瞎驢庵であり、名馬とは能阿弥の書院茶とそこにおける茶道具の名品を指すと考えていいだろう。一休と能阿弥の二人の決定的な影響というものがそこに籠められているのであり、言わば、能阿弥から一休へという道をたどり始めたところに、珠光の始まりの人としての意義があったと考えられよう。書院茶から侘び茶へと転じる切っ掛けを作ったのが一休であった。一休がいなければ、珠光は書院茶で終わったと言っても過言ではないかもしれない。

五　応仁の乱

一四六七年、応仁の乱が始まる。一休は七十四歳、珠光は四十四歳である。

年譜によれば、五月、洛中兵乱、連日火災、社寺、邸宅焼け、戦死者街路河原に充満す。六月、洛中百余町、三万余宇を焼亡する。九月、西軍、室町仮御所を攻める。十月、二条以北ことごとく焼亡する。

当時の記録を繙けば、次のようなことが起こっていたのである。

昔より天下の乱れることはあったが、足軽ということは旧記などにも記さない者どもであった。平家のかぶろということはめずらしきものと聞いてはいたが、このたび始めて現れた足軽はそれらを超過した悪党である。その故は洛中洛外の諸社、諸寺、五山十刹、公家、門跡の滅亡はかれらが所行である。敵の立て籠もる所はさておき、それ以外の場所を打ち破り、火をかけて、財宝を掠うことは、昼強盗というべし。かかるためしは先代未聞のことである。

このような乱世の巷にまさに一休も珠光も居たのである。そして四条の瞎驢庵も焼け、一休は京田辺の薪《たきぎ》村の酬恩庵に避難する。珠光もまた京を離れて、奈良に戻った。そして兵火は薪村にまで及び、一休はそこを離れて、奈良に行き、ついに住吉にまで落ち延びて行くのである。おそらく、奈良への逃避行には、珠光の手引きがあったと見ていいだろう。

二十四年に亘る瞎驢庵での生活であった。一休は外に居たのである。瞎驢となって洛中を徘徊したのである。ある時は髑髏を竿に掲げて徘徊し、ある時は木刀を引っ提げて徘徊したのである。言わば、一休骸骨が果てもない骸骨の巷を這いずり廻ったのである。有漏路《うろじ》（この世あるいは煩悩の世界）より無漏路《むろじ》（あの世あるいは真実の世界）へ帰る一休み雨降らば降れ、風吹かば吹け。そう歌いつつ這いずり廻ったのである。風浪水宿二十四年の日々であった。

珠光はそのような一休の後ろ姿を見ていたであろう。からっ風の中を行く一休、吹きっ晒しの中を行く一休を見ていたであろう。簑笠《さりゅう》の一休、蓊苴《らそ》の一休を見ていたであろう。何が真実で何が贋物であるか、何が光で何が闇であるか、何が尊く何が卑しいか、その真贋、その明暗、その尊卑というものへの目を、その目利き、鑑定力、観自在力というものを、一休から、一休の物言わぬ後ろ姿から学び取っていたであろう。

まず人間であった。人間に対する目利き、人間の真贋に対する鑑識力というものを学んだに違いないのである。今とここを生き切る一休の生き方、素裸で、無一物、ずぶりと、今と一体となり、ここと一体となり、その場所その場所の自然と風景と人々と一体となる、一休の溌剌とした自在力、苛烈な瞬間力とでもいうものを学び取ったに違いないのである。それこそ一休の乱世の哲学であった。そこから珠光は珠光独自の乱世の美学というものを引き出し編み出していったに違いない。書院から藁屋に移らなければならぬ。内から外へと出なければならぬ。

積み重ねる美学ではなく、切り捨てる美学へと打って出なければならぬ。今を削り、ここを削る、削《そ》ぎ落としの美学、今とここを磨き上げる美学、今とここを生き切る瞬間の美学をこそ開いていかなければならぬ。時の旬《しゅん》を生きる、侘び茶への覚悟が始まるのである。胸の覚悟一つ、珠光の一生はここに決まった。

六　沈潜の秘術

珠光遙かなり。その思いはいよいよ募るばかりである。その事跡が明らかでないから、近づきようがない。お手上げである。学者泣かせの珠光、研究者泣かせの珠光である。仕方がない。しばらくの間、道草でも食うことにしよう。

世に珠玉と言う言葉がある。海の宝を珠と言い、山の宝を玉と言うそうである。いずれも海や山から出て、一旦、世にもたらされると、宝石となって世間から持て囃され、珍重されることになるのであるが、海にあり山にある限りは、無名であり未知のままであり、要するに、埋もれたままのものである。海にあるが故に海倖《うみさち》であり、山にあるが故に山倖《やまさち》である。したがって、海倖山倖は本来見えないものである。埋もれているものである。とすれば、始めから見えているもの、始めから世にあるものはろくなものではないのである。珠も玉も途方もない未知と晦闇《かいあん》の海と山の薫陶を受けて始めて光を発したものである。珠玉は、言わば、大自然の果てもない沈潜の修行の結果生まれたのである。

珠光もまたそのような珠玉に似て、果てもない沈潜の修行、果てもない沈潜の秘術というものによって養われ、自らを光あらしめた者であると言えよう。その事跡がなく、その行状が見えないのも、単に無名の人だったからというだけではなくて、むしろ、その事跡、その行状を自ら消した結果なのかも知れない。珠光独自の沈潜の秘術というべきものがおそらく韜晦《とうかい》を命じたのかも知れない。そこにはかすかながら一休の気配が漂っている。一休の影が射しているような気がする。一休には世間の人から見て実に理解し難い秘術とでもいうもの、絶法の秘術とでも言うべきものがあった。

釈迦から学び達磨から体得した仏法というもの、宇宙の真実というものを我において絶つということである。我において伝えないということである。しかもそれは傲慢の決意ではなくして、むしろ、深い、徹底した自己凝視から生まれた謙虚の行為であり、真理というものは自分の所有とすべきものではなく、われ真実を得たりと誇るべきものでもなく、真実はつねにわが身中を通り過ぎるだけであり、われは何者でもなく、ただその空なる媒介者に過ぎないと自覚していたのである。真実は放てば手に満ちるのである。無一物であるが故に無尽蔵である。

一休の慕って止まない大燈国師が、かつて、悟後の修行として、賀茂川の河原に、むしろを背に負い、乞食姿となって他の無数の乞食の群れと共に居た時、朝廷の使者が、国師の瓜好きを知って、瓜を持って河原に現れ、乞食の群れに向かって、「脚なくして来るものにこれを与えよう」と言うや、乞食の中から「手なくしてそれを渡せ」と言って出てきた者があった。それが国師であり、言わば、瓜に釣り出されて、朝廷に見出され、後醍醐天皇の帰依を受けてついに大徳寺の開山と成った。

このことを一休は国師の失敗であり敗北であると言った。乞食の群れと共に仏法を生き、仏法を仰ぎ、乞食と共に、風に食し、水辺に宿る、それ以外のどこに真実があろうか。乞食の群れから離れ、名もなき人々からも離れ、仏法の所有者、仏法の独占者と称して、朝廷や公家たちの帰依を受けて、大徳寺に収まる、そのどこに真実があろうかと、それこそは敗北・失敗であると断言したのである。

奇妙な発言であり、奇妙な断言である。しかし、この苛烈な断言を受けて、もし国師そこに生きてあれば、一休よくぞ言ったりとして、即刻大徳寺を去り、一休と共に賀茂の河原に坐って、一天の風月吟懐に満つと、月を見上げつつ、呵々大笑したことでもあったろう。

これが一休の絶法の秘術であり、沈潜の秘術というものである。珠光の生き方の中にもそれがかすかながら漂っているのを私は感じる。跡を消す、事跡を残さない、珠光の生き方の中にはそれがかすかながら感じられるのである。月は夜空に跡を残さない。月影さえ残さない。ただ照り渡るばかりである。それこそは月の沈潜の秘術である。珠光とは月光である。月の秘術を生きたのである。

今とここを生き切る。今とここことの果てもない一体感、そこに風が吹けば風となり、鳥が鳴けば鳥となり、花が香れば花となり、月が照れば月となる、このじかの素裸の果てもない一体感、それを悟りと言い、仏法と言うとしても、それを何か一個の物のごとく自ら所有し、はたまた、人に伝え、人に教えることはできない。それはただ生き切る外ないものである。大寺に入り、弟子をもうけ、教団を張り、教授することはできない。それを売りにしてはいけない。それを特許物のごとく独占し、それあるをもって名を成し、禅の専門家となり、そう呼ばれることは敗北であり堕落である。もしそうなったら、あの一体感の中に夾雑物を入れることになり、一体感を妨げることになり、一体感から遠ざかることになるからである。禅とは宇宙との一体感である。禅はその意味で絶法である。それを伝えようとし伝えるべく自ら師となること、つまり、伝法ということ自体にすでに陥穽《かんせい》があるのである。落とし穴があり、仏法なり禅なりからの遠ざかりがあるのである。

今とここととの一体感、風や月や鳥などとの一体感、その果てもない真実の生き方というものは、大乗的には、人々に伝え人々に弘めていかなければならないものであろうが、その伝法ということの中に師匠とか権威とか名声とか弟子とか集団とか組織とか宗派とか派閥とかが生まれてくるが故に、伝法というものが始まった瞬間にすでに堕落が始まり、危機が胚胎し、陥穽が待ち受けているのである。一休はそのことを過たず嗅ぎつけ、伝法は絶法によってしか可能ではないと自覚し、今とここを生き切り、風が吹けば風となり、鳥が鳴けば鳥となり、花が香れば花となるばかりの、果てもない大空の境涯を生きたのである。伝法はやがて名声と化し権威と化す。こちたき世間と化し、華やかな俗世と化す。無名に隠れ、孤絶独往の中に隠れるばかりである。

珠光の始めようとした茶の湯とは今とここを生き切ることである。沈潜の秘術である。絶法の秘法である。茶室とは無一物無尽蔵の空間である。何者でもないことの道場である。それを黙って指し示した者こそ珠光であった。

七　茶の湯とは今とここを生かすことである

応仁の乱が始まった。一四六七年のことである。京の市中はたちまち焼け野原となった。一休の瞎驢庵も焼けた。珠光の庵も焼けた。一休は京田辺の薪村に避難し、珠光は郷里の奈良に戻った。一休はその時七十四歳、珠光は四十四歳だった。一休はその後、薪村から、おそらくは、珠光の導きをもって奈良へと避難し、さらにそこから住吉大社へと流転した。珠光は奈良に逼塞した。称名寺かその近辺のどこかに仮寓したのである。そしてそこで一休を思い、能阿弥を思い、禅を思い、茶の湯を思った。すでに何物もない。無一物である。すってんてんである。応仁の乱とは焼尽である。何もかも焼き尽くすことである。それが京の市中で起こったということは、京の文化、京の伝統、京の人心を焼き尽くすことである。それが現実に起こったのである。平安の御代以来の公家を中心とした雅の文化、習俗、風習、身分というものが焼き払われたのである。歌の伝統も、物語の伝統も、有職故実《ゆうそく》の伝統も、洛中洛外のあらゆる神社仏閣も、そこで営まれてきた天台真言浄土禅等の仏教の伝統もすべて焼き払われたのである。

一休は薪村から、珠光は奈良から、遠く夜空に舞い上がる京の兵火を見詰めていたことであろう。そしてその兵火は一休や珠光の外部の一切を焼き払ったばかりではない、二人の内部の一切をも焼き払ったのである。もはや無一物である。すってんてんである。自分の中にもはや伝えるべき物も誇るべき物もないのである。あるとすれば、今とここしかない。今とここを生きることしかない。今とここと一体となって生きることとしかない。

そこにまで珠光は思い詰め思い詰めしていったことだろう。禅とは今とここを生き切ることである。とすれば、茶の湯とはさらに今とここを生かすことである。珠光は徹底そこにまで及んだことであろう。

時代が絶法を実践していたのである。時代が伝法を切って捨てたのである。応仁の乱が一休を生んだのである。珠光を生んだのである。一休は応仁の乱を良しとし、焼尽を良しとし、焼け野原を良しとし、時代と一体となって、絶法を生きたのである。

珠光はやがて奈良において、一人の人物と知り合うことになる。古市播磨法師澄胤と名乗る豪族の次男坊である。今の奈良市郊外の、その頃古市とも春日とも呼ばれた地域を領する豪族であり、後、その棟梁となって、武家社会で活躍、能や連歌等にも才能を発揮、自邸において、一族郎党、付近の善男善女を巻き込んで、淋汗茶なるものを盛んに開いたとされる、一種の怪人物であった。

おそらくは、澄胤が家督を嗣いだ二十七歳以降、文明年間のいずれかの時に、珠光と知り合いになったようである。珠光、その時、六十三歳前後のことだった。

そしてその澄胤に宛てて珠光の書き与えた書簡が今に残されているのである。

後世に残された珠光文書三点の内の一つである。それを以下に掲げてみよう

この道第一悪きことは心の我慢我執なり。功者をばそねみ、初心の者をば見下すこと、一段勿体なき（不都合な）ことなり。功者には近づきて一言をも嘆き（己の未熟を自覚して教えを乞い）、また初心の者をばいかにも育てるべきことなり。この道の一大事は和漢の境をまぎらかすこと、肝要、肝要、用心あるべきことなり。また、当時（この頃）、冷え枯るると申して、初心の人が備前物、信楽物などを持ちて、人も許さぬ（世間も認めない）たけくらむこと（究極の境地だとすること）、言語道断な

り。枯るるということは良き道具を持ち、その味わいをよく知りて、心の下地（素地相応）によりてたけくらみて、後まで冷え痩せてこそ面白くあるべきなり。また、さはあれども（そうであっても）、一向かなわぬ人（道具を持てない人）は道具には拘わるべからず。いかようのてとり風情（粗末な釜一つしかない者）にても、嘆く所（自覚）、肝要にて候。ただ我慢我執が悪きことにて候。または、我慢なくてもならぬ道なり。銘道（格言）に曰く、

心の師とはなれ、心を師とせざれ。

と古人もいわれしなり。

この文章は若い弟子とも言える澄胤に向かって述べた言葉であるから、かならずしも珠光のすべてを語ったものではなく、相手の機に応じての臨機応変の言葉であり、ある意味で、きわめて不十分な限られた内容の文章でもあった。むしろ、相手の所にまで降りてきて、噛んで含めるように丁寧に答えているごとくであって、すでに老齢、自ら一方的にわが道を通すことをせず、懐の深い、大人《たいじん》の風格さえ感じさせる人柄の持ち主だったことを示している。

しかも、今とここを生き切る禅の道を踏み外すことなく、さらに、そこから一歩進

めて、今とここを生かすことを茶の湯の道と深く自覚徹底した上で、ゆるりと、豊かに、語り出しているごとくであった。

まず、我慢（現今言うところの忍耐という意味ではなくて、自慢ないしは傲慢）我執を捨て去るということ。自分と他人、自分と他のすべての物を、一々、分別し、優劣し、差別し、好き嫌いする、その時その時の一切の分別意識、おれがおれがの心というものこそ、今とここを生き、今とここと一つになる、その一体感のあり方を真っ先に妨げ、妨害するものであるとしたのである。

次に、和漢の境をまぎらかすことがこの道の一大事であるとしたこと。茶の湯において和漢の境ということは、その道具、特に茶碗について言われたものというべく、従来、茶碗と言えば、東山御物にあるごとく、白磁、青磁の唐物の名品が尊ばれ、それに対して、日本の焼き物、備前や信楽の陶器は一段低いものと見なされていたのであるが、ここに来て、そのいずれの和漢の焼き物も茶の湯にとっては等しく平等のものであるとしたのである。むしろ、唐物絶対の書院茶から出て、日本の焼き物こそ侘び茶（草庵での茶）に相応しいと、進んで、備前信楽もまた良しとした人こそ珠光だったのではあるまいか。完璧、完全、精髄を誇る唐物に対して、不完全、不備、欠陥、不揃いを特徴とする和物はより多く自然であり、一休の精神たる蓑茸《らそ》、（ごつごつとした泥、野生）に近いものであり、後に「月も雲間のなきはいやにて候」と珠光が言ったと伝えられているごとく、不完全の美を発見した人であったからである。藁屋では和物が相応しいとしたのである。

しかし茶の湯はその時その時の今とここを生かすことであり、その時の自分、その時の相手を生かすことであり、時と場合、臨機応変の生きものであるから、唐物がいい場合もあり和物がいい場合もある。どちらがいいと決まったものではない。藁屋に名馬がいても良く、瞎驢（盲目の驢馬）がいてもいいのである。ではあるが、珠光にとって、究極、藁屋には瞎驢が相応しいのである。ただし初心者が始めから究極を気取ることは許されないとしたのである。

次に、茶の湯において、枯れるということ、冷え痩せるということは究極のあり方であるが、初心者なり中級者なりがそれを気取ることは許されないということ。とは言え、珠光にとっては、あくまで、枯れるということ、冷え痩せるということは究極の美学であり、一休より学んだ究極の乱世の美学であった。捨てて、捨てて、捨て果てて、もはや、今とここしかない、その今、そのここの中に、逆流のごとく、大自然と一つになった豊饒さが、無尽蔵さが開かれてくることに気づかされたのである。たけくらむということはそういうことである。たけくらむは「闌け暗む」と言い換える説に従えば、闌（たけなわ、頂点ないしは究極）に溶け込むことであろう。したがって、究極は変わらない。それはぶれない。究極にあっては、名器があっても良く無くても良く、掛け軸があっても良く無くてもいいのである。

最後に、我慢我執が悪きこと、しかもまた我慢なくてはならぬ道なりということ。我慢我執が今とここと一体となるのを妨げる最たるものであることをもう一度強調した上で、さらに、ある意味では、それと矛盾するようなことを述べていて、不思議な文章である。禅の道、茶の道において、一般的には、我慢我執が悪いことはもちろんであるとした上で、究極の秘儀的な意味においては、我慢がなくてはならぬとしたのである。禅の道、茶の道をひたすらどこまでも貫き通すためには我慢というもの傲慢とさえ言えるような強さがなくてはならぬとしたのである。今とここと一つになって生き切る禅の道、今とここと一つになってそれを生かす茶の道、それを良しとし、それ以外に生きる道はないとして、その道を貫徹する、その志、その強さ、その矜持というものは、何者がそれを阻みそれを否定しようとも、頑としてそれを捨てない、それを死守する。それ以外に人間の道はないとする果敢な裸一貫の覚悟というものをここに言い切ったのである。これこそは一休より受け継いだ珠光究極の胸の覚悟というものである。珠光に始まる侘び茶の道の一番の奥底に宿った光であり刃《やいば》であり奥義である。これあればこそ、後世、利休は秀吉に屈せず自ら腹を切ったのであり、その弟子山上宗二《やまのうえそうじ》もまた秀吉に屈せず鼻を切られ耳を切られて惨殺されたのであり、そしてまた同じ弟子たる古田織部、小堀遠州らも家康に屈せず、切腹の道を選んだのである。今とここを深く高く生き切る、その至福、その極道《きょくどう》というものを知った者でなければ、この覚悟は生まれない。珠光は一休の中にそれを見、利休は珠光の中にそれを見、宗二や織部や遠州は利休の中にそれを見て、それを良しとして、それに殉じたのである。

我慢我執が悪き事にて候。又は我慢なくてもならぬ道也。

この穏やかな文面の中には刃《やいば》が隠されている。侘び茶の道にはドスが潜んでいる。これが一休の絶法というものである。自ら命を絶ち、自ら法を絶ち、自ら道を絶つ覚悟である。それが珠光の中に見え隠れしている。それを過たず利休は見て取った。利休が珠光を発見したのである。

八　茶室に天使が通る

さらに同じ弟子たる澄胤に宛てた「お尋ねの事」という手紙の文章が残っている。

およそ次のようなものである。

一　所作は自然と目に立ち候はぬようにあるべし。

二　花の事、座敷の良きほどにかろかろと（軽々と）あるべし

三　香をたく事如何、さのみけやけやしく（そんなに大仰に）立ち候はぬようにつくべし。

四　道具も、年より人また若き、それぞれのほどにはしかるべく候。（それ相応に揃えれば良い）

五　座敷へなおり候て、主客共、心をのどめて（のどやかにして）ゆめゆめ他念なき心持ちこそ、第一の肝要なれ。お心にまで存知、外へは無用なり。

ここにしも何匂ふらんおみなへし　人の物言いさかにくき（うるさい）世に

後世の茶の湯から見れば、きわめてありふれた当然の内容のものにすぎないかも知れないが、当時の喫茶の習いが闘茶にしても書院茶にしても淋汗茶にしても、あらゆ

る名物茶道具を飾り立て、花も香も豪華に、人々多く集まって、茶を競い合い、豪華、猥雑、喧噪の中においてなされたことを思う時、いかにこの珠光の茶の湯のあり方が異様であったかが偲ばれるのである。わいわいがやがやとした喧噪の一座が急にふっと静かになる瞬間があり、そのような時を、西洋では、「天使が通る」としたが、豪華猥雑喧噪の喫茶の習い中に珠光が通ったのである。珠光が通って急に茶の湯が静かになったのである。

所作も自然に目立たず、花も控えめに、香もあるかなしかに、茶器も主客相応に、そして、何よりも、心をのどやかにして、他念なきこと。豪華を削り猥雑を削り喧噪を削り我慢我執を削り分別意識を削って、その時その場所に相応しい、花一《いっ》炷《しゅ》、香一《いっ》炷、茶碗一個をもって、茶を喫する、それこそが、今とここを生き、今とここを生かす、ただ一つの道であった。それ以外に我が行く道はないのである。であればこそ、「ここにしも何匂ふらんおみなへし　人の物言いさかにくき世に」と詠ったのである。

九　一道に志深きを名人と言うなり

最後に『珠光一紙目録』として伝わっている文書がある。それは娘婿の宗珠へ、宗珠から武野紹鷗へ、紹鷗から利休へ、利休から山上宗二へと伝わったものであり、さらにそれに山上宗二が註解を加え、紹鷗や利休の言葉などを付け加えて、『山上宗二記《やまのうえそうじき》』として、秀吉と戦って破れた小田原北条氏の家臣板部岡江雪斎に与えた文書のなかに集録されているものであった。

それは本来珠光が目利き稽古の道を能阿弥に問い質したところの日記であり、その大要は東山伝来の名物茶道具と珠光所持の茶器の由来と実体についてごく簡単に説かれたものであり、最後に至って、一種の秘伝のごとく、茶の湯者覚悟十体という文書が置かれているものであった。

私は最後の茶の湯者覚悟十体のみをここで取り上げてみることにする。それはほぼ次のごときものであった。

一　上を麁相《そそう》、下を律儀に信あるべし。(身分の上下なし)
二　万事に嗜み、気遣い。
三　心の内より奇麗数寄。
四　朝起き、夜の話会の時は、寅(午前四時頃)の上刻より茶の湯しかけるなり。
五　酒色慎む。

六　茶の湯は、冬春は雪を心に昼夜すべし。夏秋は初夜過ぎまでしかるべし。但し、月の夜は独りにても深更まで。

七　我より上なる人（人間として）と知音（友と）するなり。人を見知りて伴うべし。

八　茶の湯には座敷、路地、境地。もちろん竹木松ある所、並びに畳直敷くこと。

九　善き道具持つこと。

十　茶の湯は無能なるが一能なり。

この十条によって後世の茶の湯の道はほぼ決まったと言ってよく、ここから茶の湯の道は始まるであろう。詳説はしないが、今とここと人と一つになって、一味平等、茶を喫しつつ、その時その場をいかに深く高く生きかつ生かすかがここに語り出されていると言えよう。今とは季節である。ここととは座敷、路地、境地である。人とは客である。冬春は昼夜に亘り雪に心を澄ませ雪を深く味わい、雪と共に生きるのである。夏秋は夜の月を愛で、それと一つになって共に生きるのである。人を迎え入れては、身分の上下なく、虚心坦懐、そこに流れる時の移ろいを共に生きるのである。今とはつねにそこに時間との別れを宿し、ここことはつねにこの場所からの別れを宿し、人とはつねにその人との別れを宿しつつ、この一瞬に集っているのである。だからこそ今とここと人とを限りなく愛で、愛おしみ、大切に思うのである。それが言うまでもなく一期一会の覚悟というものであった。

そして最後に「茶の湯は無能なるが一能なり」と言い切った。茶の湯専一、その他の道その他の芸は無能たるべしと言い換えることもできようが、それだけではあるまい。むしろ、茶の湯は無能にて対すべしと言い切ったというべく、茶の湯は何一つ計らいなくこちらの分別意識なく、茶を喫しつつ、いつの間にか、床の間の花が茶を喫し、路地の雪が茶を喫し、窓より差し込む月が茶を喫するがごとき、悠々たる、広々とした世界へと溶け合い、抜け出すことであるとしたのだと言っていいだろう。無能とは一休のあの瞎驢であり、無分別知に外ならなかった。無能とは自分も他人もない、大きな世界を生きることであった。大自然と一つになって生きることであった。

なお、『山上宗二記』の序文の終わりに次のような文章が添えられてある。山上宗二が記したものであろうが、珠光の精神というものを伝えて余すところがない。

目利きにて茶の湯も上手、数奇の師匠をして世を渡るは茶の湯者と云う。一物も持たず、胸の覚悟一つ、作分一つ、手柄一つ、この三箇条の調いたるを侘び数奇と云う。唐物所持、目利きも茶の湯も上手、この三箇も調い、一道に志深きは名人と云うなり。

こちたき事跡は残さずとも、胸の覚悟一つをもって生きた珠光の侘び数奇の究極の姿がここにかすかながら見えるようである。一道に志深き生き方を貫いた珠光への思慕と仰望ということそのことが後の茶の湯の精神でもあったことがここには暗黙の内に語り出されているような気がする。

十　わが命日は一休の命日なり

珠光は文亀二年（一五〇二年）、八十歳をもって逝去した。一休の死後（文明十三年・一四八一年）二十一年後のことであった。臨終に当たり、婿養子にして弟子でもあった宗珠に向かって、次のように遺言したと伝えられている。

我が命日には圜悟禅師の墨蹟を床に掛け、抛頭巾肩衝《なげずきんかたつき》の茶入れに、揃《そそ》りの抹茶を入れて、茶の湯を手向けよ。

圜悟禅師の墨蹟とは一休より拝受した掛け軸のことであり、拋頭巾肩衝の茶入れとは珠光晩年愛用の、土の荒い、粗末な、侘茶入れだったとされ、揃《そろ》ったは葉の揃《そそ》りとは粗末な茶のごとくであり、何一つわざとらしいところのない、侘び数奇の究極を思わせるものである。ただ、この遺言の文面をよく見ると、珠光の茶室の床の間に圜悟禅師の墨蹟を掛けて、それに向かって茶を手向けよと読めないことはない。そしてそのことをもっと突き詰めると、わが唯一の師一休和尚に年年茶を手向けよと問わず語りに命じているものとも想像されるのである。これはある意味で不思議な遺言である。われ珠光ではなくて一休に法の茶を手向けよと命じているとも取れるからである。ここにはすでに一休に同化した珠光がいる。一休を生き、一休の精神を生きた珠光がいる。珠光は消えても良い。一休がいる。

あの瞎驢庵をもってわが茶室とし、あの風飡水宿をもってわが侘び茶の究極としたのである。あの一休から胸の覚悟というものを学んだのであり、一道に志深きを学んだのである。あの一休から今とここを生きることを知ったのであり、今とここを生かすことを知ったのである。我が命日とは一休の命日である。ここに珠光究極の追慕があった。

十一　氷艶の美学

珠光の茶の湯は娘婿の宗珠、松本珠報、鳥居引拙、粟田口善法等に受け継がれた。そして宗珠などから武野紹鷗に伝わり、武野紹鷗から利休へと伝わった。紹鷗に来て、茶の湯は京都奈良だけではなくて堺の地にも及び、堺での隆盛を招いた。紹鷗にあって、珠光の茶の湯も一つの改変を蒙った。そして利休に至って、珠光の茶の湯を一切改変すべからずとして、珠光にふたたび光を当て顕彰した。珠光の侘び茶を徹底復興したのである。

『山上宗二記』の「茶の湯者伝」の最後に宗二が利休より聞き書きした言葉が残っていて興味深い。

一　紹鷗は五十四にて遠行（逝去）。茶の湯は正風体の盛りに死去。物にたとへば、吉野の花盛りを過ぎて、夏も過ぎ、秋の月、紅葉に似たり。

一　引拙（鳥居引拙のこと、珠光の弟子）は十月時雨のころの木の葉乱るるに似たり。七十にて死去。

一　珠光は八十にて逝去す。雪の山か。

さらに宗二は利休について次のように述べている。

一　宗易（利休のこと）の茶の湯も早、冬木なり。平人は無用なり（凡人は学びようがない）。

これは四人の茶の湯の特徴を述べているものであろうが、むしろ、その究極の生き方、人間そのものの究極の有り様を述べたものと見てもいいだろう。茶の湯は、究極、人間に極まるのである。紹鷗は秋の月、引拙は十月の時雨、利休は冬木、珠光は雪の山であるとしたのである。室町から戦国への乱世の時代を生きた茶の湯者たちの真姿というものがここによく語られているといってよかろう。雪を良しとし氷を良しとし寒風を良しとし烈風を良しとすることこそ乱世の美学であった。同時代の連歌師心敬は次のように語っている。（『ささめごと』）

氷ばかり艶なるはなし。刈田の原などの朝、薄氷ふりたる檜皮《ひわだ》の軒などのつらら、枯野の草木などに霧霜の氷りたる風情、面白くも艶にも侍らずや。

氷を艶としたのである。氷艶の美学である。珠光に通じ利休にも通じる美学であった。茶の湯は極北を目指すのである。

最後に、山上宗二は利休から聞いた言葉として、「御茶湯者朝夕唱語、一志二堪忍三器」という言葉を伝え残している。庵に坐して、茶の湯者は茶を点てる前にかならず「一《いっ》志《し》二《に》堪忍《かんにん》三《さん》器《うつわ》」と唱えるべきであると言ったというのである。志とは一道に志深きことであり、堪忍とは胸の覚悟一つのことであり、器とは茶器というよりはむしろ人間の器つまりは人格のことであった。これは珠光より秘かに連綿として伝えられてきた秘伝の言葉でもあったろう。

茶の渋味苦味というものは五味の内の究極として人間の心臓を養うものとされ、人間の命の根源を清めるものであり、そのような茶を喫しつつ、客があれば客と、独りであれば独り、庵に坐り、今とここと人とを貫いて息づいている果てもない大自然の根源と一つになって共に清まっていくこと、珠光はそのような侘び茶の究極を真っ先に先駆けて行ったのである。

第七章　藤原惺窩

一　洒落《しゃらく》の人

世に洒落という言葉がある。いや、むしろ、かつてあったと言った方がいいかも知れない。というのも、たとえ現今その言葉を使うとしても、「しゃれ」と読んでも「しゃらく」と読む人はいないだろうからである。この「しゃらく」から「しゃれ」への変遷の中に、江戸時代の初めから現今に至るまでの、その言葉の意味ばかりでなく、ある種日本人特有の人間類型の衰頽と消滅というものが私には感じられてならないからである。現今では「洒落者」と書けば「しゃれもの」と読み、「お洒落」と書けば「おしゃれ」と読み、「駄洒落」と書けば「だじゃれ」と読む。そこには言葉や服装に関する遊び感覚なり、日常や生活や現実からのある種の解放というものが漂っていることは事実であるが、一人の人間の生き方とか心のあり方にまで深く分け入って、それを表現しているものとは思えない。そこに、もう一度繰り返すならば、日本人のある種粋を極めた人間類型の衰頽と消滅というものがあるような気がしてならないのである。もしかしたら現今では「しゃれもの」とか「おしゃれ」とかいう人間類型もまた居なくなってしまっているのかも知れない。

かつて「洒落」は文字通り「しゃらく」と読んで、「洒脱《しゃだつ》」の意味をもって使われていた時代があった。江戸時代の始まりの頃のことである。その時代、ほんの少数の日本人の極め尽くし至り尽くした果てに出現した一つの究極の生き方、生活や現実や世俗の中に居ながら、しかもそこから脱落して、洒々落々として天空のごとき生き方をする、そのような粋然たる極上の生き方というものが存在した。そしてそれを洒落《しゃらく》と呼んだ。

その典型が藤原惺窩《せいか》だった。あるいはその生みの親が惺窩だった。その人が中国は宋の時代にようやくその姿を見せ始めた洒落の伝統というものを受け継ぎ、この日本の地に移植し、自らその典型と化したのである。

惺窩は江戸時代以降日本朱子学の祖として見なされ仰がれてきた人であるが、実際には、その弟子たる林羅山をこそ日本朱子学の祖として見た方がいいだろう。羅山は師の学問の中から朱子学だけを抜き取り、それをもって江戸幕府の権威の下に制度化し、全国に広めようとしたからである。むしろ、惺窩は日本朱子学の祖とかいう窮屈な区分の中には収まり切れない、広々とした世界を生きた人物であった。中国宋の時代の朱子によって集大成された新しい学問、新しい孔子学、論語を始めとする四書五経を読み直すことによって再興された、新しい孔子学あるいは甦《よみがえ》りの孔子学とでもいうものを良しとしていち早く受け継ぎはしたが、それを学問とか思想とか哲学として受容したというよりむしろ、一つの新しい生き方として受容し血肉化したのであり、その意味では、朱子の中にもあり、また、朱子を育てた同時代の師や先輩たちの中にもあった、ある種柔軟な広々とした精神、そして結局は朱子を始めかれらのすべてを養い育んだ孔子の柔軟にして博雅な仁の精神とその生き方を学び取り、わが道として受け入れたのである。その一端が悠揚として迫らない洒落の精神というものであった。

惺窩は究極それを生きた。日本の地にあって絶えたるを継ぐがごとくにしてそれを生きた。私はそのような人をここに素描したく思う。

二　乱世の人

時は乱世である。戦国時代の只中である。時は毀《こぼ》たれ、地は裂けたのである。織田信長が現れ、豊臣秀吉が現れ、徳川家康が現れ、その天下取りの野望の下に諸大名も武士も一般民衆も離合集散、疑心暗鬼をもって、右往左往、地にうごめき、地に這いつくばったのである。そして大半は敗残の身となった。農民は逃民《ちょうみん》となり、武士は浪人となった。度重なる争乱の巷と化した京大阪はそれらの流民浪人で溢れかえった。戦国のいや果てに家康が立って、天下太平、徳川時代なるものを開いたとしても、それは後世の整理された作り事にすぎない。当時の人々は一家離散、主なき父なき母なき放浪、明日をも知れぬ、乱世の日々を、無明長夜の闇の世をやみくもに送っていたに違いないのである。

乱世とは地面が裂けることである。地面が裂けて深淵が開くことである。どの時代にも属さぬ未知の時、不連続の未聞の時がぬっと現れることである。それは一般的には戦国時代と称されているが、戦国時代というものでもなく、さらには、室町時代から江戸時代へと移り変わる転換期の時代というものでもない。それは一切の時代区分に属さない、無の、切れた、断絶された、深淵からの風の吹きまくる虚空の時である。その時を生きた人々の顔は深淵からの風を浴び、深淵からの異な光の照り返しを浴びて、他の時代の人の顔にはない、奇異な、蒼白の色に染まっていたのである。例外なく、蒼白い、八方破れの、放心の色に染められていたのである。深淵の色である。スキッゾフレニア（分裂）の色である。

その一人に加藤清正公の家臣の子であり、浪人となって、難波の地を放浪し、高野山に登り、やがて、また難波の地に逼塞して生涯に亘る大著『万葉代匠記』を書き残した釋契沖がいる。そしてまた四国大洲の武士の倅でありながら、脱藩して母の居る近江に逼塞、私塾を開いて、民百姓と共に、不可思議な学問の一生を送り、図らずも日本陽明学の開祖となった中江藤樹がいる。そして最後にわが藤原惺窩が現れるのである。

かれら三人の顔には奇異な深淵の風を感じる。深淵からの名状しがたい光の照り返しのごときものを感じる。他のどの時代にも属さない、無の、虚空の、奇怪な時の刻印、奇怪な時の香りというものが感じられてならないのである。

三　禅から儒へ

惺窩（一五六一〜一六一九、永禄四年〜元和五年）は藤原定家十二世の子孫に当たり、父冷泉為純《れいぜいためすみ》の三男として生まれ、名を粛、字《あざな》を斂夫《れんぷ》と言い、後、惺窩と号した。父は先祖代々の播州三木郡細河荘（現在の兵庫県三木市）の領地を支配する豪族であったが、長い間の土地争いの揚げ句、赤松氏の旁族にして三木城主別所長治の襲来を受けて、土地を奪われ、家を焼かれ、歴世の蔵書ことごとく灰燼に帰し、襲来の最中防戦これ努めた父と兄は敗死、一家離散、惺窩は母と弟を引き連れて逃走、相国寺普広院の叔父寿泉を頼って、京都に亡命するのである。惺窩十八歳の時であった。乱世に巻き込まれ、名家の没落を目の当たりにするのである。深淵が開いたのである。深淵の人となったのである。生涯に亘る貴種流離の始まりであった。

一度落ちなければ真の登攀は始まらないのである。一度死ななければ真の誕生は始まらないのである。惺窩の生涯はそのことを証して余りあるものがある。

冷泉家の家督を弟為将《ためもち》に譲り、叔父に従って相国寺の僧となった。禅の修行専一の生活が始まったのである。相国寺と言えば、夢想国師開くところの京都五山第一の名刹であり、室町幕府をその政治外交宗教上の全般に亘って支えてきた大寺であり、惺窩は、そこにあって、相国寺の将来を託すに足る秀才として、叔父を含めた高僧たちから嘱望されたのである。

しかし惺窩は鬱々として楽しむところがなかった。自らの心底に開いた深淵を満たすに足るものがなかった。自らの家系を支える地盤は崩れ、わが血筋に流れる和歌の道は絶たれたのである。突如わが前途に闇黒の深淵が開いたのである。深淵の感覚とは突如の感覚である。突如として足下の地盤が崩れ去り、真っ逆さまにどこまでも落ちて行くのである。相国寺にあって、暁天に起きて坐禅をし深夜に覚めて坐禅をしてもわが震えは収まらない。あの深淵の感覚、あの突如の感覚は収まらない。全身の震盪《しんとう》、全身の悲鳴は消え去らない。輾転反側の日々が続くばかりであった。

相国寺にすでに禅はなかった。禅の人はいなかった。惺窩のあの震え止まらぬ深淵の感覚を棒喝をもって打ち据え、一箇の妄念であるとして断罪、斬って捨てるがごとき決死の禅者というものがすでにいなかった。禅はすでに形骸と化し、日常茶飯を彩る微醺《びくん》を帯びた薬餌《やくじ》のごときものに堕落し去っていたのである。乱世にありながら、乱世を生き抜く真の禅者はいなかった。一休もいなければ大燈もいなかった。室町幕府はすでに弱体化し衰弱に向かっていた。その後ろ盾を得て栄えていた相国寺を始めとする京都五山もまた同じ運命の下にあったと言っていい。であれば、優れた人材、決死の道心に貫かれた若き人材が集まって来ようはずがなかった。その上五山は室町時代半ばよりすでに禅の修行なり禅の語録の研鑽よりも対明貿易を通してもたらされた中国の文物、四書五経や老荘や『唐詩選』や『史記』などの歴史物への関心が高まり、それらの研究、それらに基づく漢詩の製作へと向かいつつあり、中巌円月、絶海中津などの漢詩を中心とする五山文学の盛行、桃源瑞仙などの『史記』や『易経』の研鑽と提唱に代表され象徴されるような方向へと、時代の趨勢、人心の帰趨は変わりつつあったと見ていいだろう。南北朝の動乱がそれを準備し応仁の乱がさらに拍車を掛けた時代の趨勢であった。京都五山の寺々は乱世を生き抜く砦ではなく乱世を避けるアジール（避難所）と化していたのである。五山に禅は滅びかけていた。あるいはすくなくとも禅への志は滅びかけていた。そこには大きな断絶というものが広がり始めていたような気がする。もしかしたらそれは五山の禅だけではなかったかも知れない。悲痛な道心をもってこの世を生き抜いた最澄の比叡山天台の止観も、山河を一身に生き抜いた空海の高野山の真言も、一切の計らいを捨てて弥陀を頼み弥陀を生きた法然親鸞の弥陀信仰も滅びかけていたのかも知れない。大きな宗教の時代というものは終末を迎えつつあったのかも知れない。人心はすでに宗教に倦んでいたのである。

命がけの禅、命がけの真言、命がけの止観、命がけの弥陀信仰というものはすでに滅びかけていたのかも知れない。であれば、織田信長が比叡山を焼き、大阪の本願寺集団を滅ぼしたのも当然だったのかも知れない。滅ぶべきものが滅んだだけなのかも知れない。

惺窩は相国寺にあって日々そのことを肌で感じ取っていたに違いない。そこに自らを打ち砕く禅はなかった。自らの喪失と深淵と悲劇の感覚を一棒の下に打ち砕いてくれる禅者はいなかった。あるいはもっと大きく言えば、乱世の時代を痛棒をもって打ち砕き正気に戻してくれる大禅者はいなかった。一人の大禅者がいないということはそれを良しとして従う百人の中禅者、千人の小禅者の群れがいないということであった。時代はすでに禅に向かっていなかったのである。

禅は人である。人がいなければ禅はないのである。命がけで禅を行じ、大自然と一体、命の炎《ほむら》を放ってまっしぐらに禅に突き進むがごとき人がいなければ禅はないのである。一休がいれば、惺窩は禅の道を選んでいただろう。禅を選んで禅の巨匠となっていただろう。一休二世となっていただろう。しかし一休はいなかった。命の禅者はいなかった。

惺窩は悶々の日々を続けるばかりであった。弟子羅山の「惺窩先生行状」によれば、当時の惺窩のことを「仏書を読むと言えども志は儒学にあり」と述べていて、禅の道よりもより多く儒の道へと傾斜、当時、対明貿易の窓口であった相国寺にあって、そこに将来される中国の文物、別けても、朱子を中心として押し開かれつつあった新しい孔子学の夜明けのごとき書物群に接して、そこに心中の闇黒を照らす一条の光を感じ取ったということが考えられるのである。であればこそ、天正十八年、惺窩二十二歳、朝鮮国使の一行が来日した折、寄宿舎たる大徳寺に単身趣き、国使の黄允《こういん》吉《きつ》、金誠一、許箴之《きょしんし》等に会って、筆談、儒を問い、詩の応酬さえ行ったのである。当時朝鮮王朝は一代の碩学李退溪の許に空前の朱子学の盛行を生み出していて、上記国使の三人はいずれもその一門の流れを汲む人達であった。そのかれらに儒を問い、朱子を問い、新しい孔子の読み方を問うたに違いないのである。日本にも論語や五経等の古い読み方、漢唐以来の字句の註釈を事とする旧註というものが伝えられていたが、それを一新するがごとき夜明けの孔子学とでもいうものが今目の前に開かれつつあるのを、惺窩青年は鋭利焼くがごとき饑渇の感覚をもっていち早く嗅ぎ分けたに違いない。そこには溌剌とした精神がある、生き生きとした魂の躍動があると感じたに違いないのである。しかもそれを一人で感じ取った。一人で夜明けの孔子学を受容した。しかもそれは手つかずの未知の難読の孔子学であった。どう読めばいいのか、どう受容したらいいのか。朱子の『四書集注(ししょしっちゅう)』が目の前にあった。朱子と共にその先師たちがいた。

惺窩はついに相国寺を去った。洛北に小庵を構えて蟄居、聖賢の書を読むも、当世に善師なきを思い、ここに発憤して、単身中国に渡ろうと決心したのである。慶長元年六月、三十六歳の時であった。京より難波に出、瀬戸内海を渡り、豊前（大分）を過ぎ、薩摩（鹿児島）に着き、琉球へさらには中国へと向かう便船を待ちつつ、旬日を過ぎ、ようやく船出をしたのも束の間、暴風に遭って、鬼界（が）島に漂着、同島に半年滞在の後、ついに渡明《とみん》（中国行き）を断念、無念の内に帰洛したことが知られている。

このひたすらさは異常である。このまっしぐらは法外である。そこには十八歳の時のあの一家の悲劇によって生まれた深淵の感覚、崩壊感覚というものがいまだなお一箇の脳震盪のごとく一箇の余震のごとく惺窩を揺さぶり続けていたことが感じられる。非常が日常を支配し、非常の決意が日常の中で決行されるのである。わが家系の歌の道は絶たれ、禅の道もすでに衰えまた恃むに足らず、いまだ見ぬ真の師、いまだ踏むことを知らぬ真の道を中国に求めようと、敢然、渡海を試みたのである。言わずと知れた孤絶独往の道であった。かつて最澄がはたまた空海が日本に師なきを思い、真の師を求めて中国へ渡ったのとまったく同じ決死の道心であった。求める対象が仏教から儒教へと変わっただけである。不退転の道心に変わりはないのである。あるいはむしろ十代以降郷里の禅寺から相国寺にかけて心底深く根付いた禅的精神というのが無意識の裡に惺窩を促していたと言ってもいいのかも知れない。

帰洛後、惺窩はついに「聖人に常師なし、吾これを六経《りくけい》に求めん」と決意したことが前記「行状」に記されている。もはや揺るがず、正真端座、四書五経の読み直しを開始したのである。四書五経の身読、四書五経の実践が始まったのである。しかもそれを一人でやろうとした。孤絶を良しとし独往を良しとして、わが一人なる道を歩もうとした。

しかし運命は一人を嫌う。二人を嘉《よみ》するのである。徳は孤ならずであった。旧知の同じ播州の竜野の領主赤松廣通（赤松政則の曾孫）との交遊が親密の度を増し、やがて金蘭の交わりへと昇華したのである。それはある意味で運命の出逢いであった。両者は兄弟のごとく意気投合、ほとんど同年輩であったが、惺窩の指導の許にたった二人による四書五経の読み直しが敢行されたのである。朱子による新しい甦りの孔子学、『論語』・『孟子』・『大学』・『中庸』の四書を範とすべき四つの古典として定着させつつ朱子の始めた四書の読み直したる『四書集注』の日本で始めての読破が始まったのである。訓点もない、註釈もない、師もいない、たった二人の途方もない情熱と道心と敢為の精神だけを導きの糸として、未知の豊饒な処女地とでも言うべき言語空間に足を踏み入れたのである。ある時は洛北市原の惺窩の小庵において、ある時は秀吉の配下の一人であった廣通の伏見城下の館において、その読破は続いた。

朱子の成し遂げた新孔子学というものは日本では江戸時代以降朱子学と呼ばれて、江戸幕府を始めとする武士階級の精神的支柱ないしは支配的な権威として仰がれ尊ばれてきたが、欧米の世界では、それをNeo-Confucianism（ネオ・コンフューシアニズム）と呼んで、文字通り、新孔子学、朱子による新しい孔子の読み直しという意味合いで使われ、そこには日本での江戸時代以降の権威臭ないしは封建臭というものを持たない清新さと自由というものが感じられるのであって、私もそれを良しとしてここで採用しているものである。

朱子は権威者ではない。集大成者ですらない。むしろ、自由の人であり、危機の人であった。朱子の生きた宋王朝の時代はすでに弱体化し衰滅に向かいつつあって、金や遼や元などの北方の非漢民族が勃興、勢力を伸ばし、日に日に、宋の領土を窺い、侵入、略奪を図って、虎視眈々としている時代であった。今や漢民族そのもの、その文化文明というものが風前の灯火に晒されていたのである。そして実際に宋王朝は金に侵されやがては最終的に元によって滅亡される運命にあった。その危機感を朱子もまた同時代のすべての人と共に分かち合い、いや、むしろ、より激しくより鋭く感じ取り、輾転反側の日々を送っていたのである。わが漢民族が滅亡した時に、いや、その滅亡する前に、わが漢民族は何を残すべきか、そして、漢民族の漢民族たる所以のものは何か、その精神、その中枢、その魂は何かと自問自答する日々が続いたに違いない。自問し自問し自問し抜いた果てに、これなくしては叶わぬもの、これだけは壁に塗り込め地下に埋めても秘匿《ひとく》し後世に残していかなければならないもの、それはただ一つ孔子の道以外にないと決意するに至ったのである。すでに六朝隋唐以来埋もれ忘れ去られていた孔子の道をこそふたたびそしてこれを最後として残していかねばならぬと決意したのである。絶えたるを継ぐ、しかも漢民族の滅亡を前にして、絶えたるを継ぐということは同時にそれを甦らせつつ後世に残すということであると思い至ったのである。それが四書の編纂であり註釈であり新しい読み直しに外ならなかった。朱子は救出の人であった。人間にとって、あるいはすくなくとも漢民族にとって、なくて叶わぬものを救出することに生涯を賭けた人であった。しかもそのような生き方そのものが孔子の道に外ならないことを深く自覚していたのである。孔子もまたわが周王朝の末裔たる魯の滅亡を前にして、世はすでに諸国分裂、戦国時代に向かいつつあった、危機に瀕する夏殷周三代の文化文明の精髄を残すべく、詩・書・易・礼記・春秋を五経として蒐集し編纂することに命を賭けたからである。孔子もまた危機の人であり、救出の人であった。朱子は孔子の道をふたたび歩いたのである。孔子の悲痛をふたたび生きたのである。

わが惺窩その人もまた日本の乱世に遭遇して危機の人であり救出の人であった。であればこそ朱子の道を辿り、その遙かな果てに孔子の道をわが道として仰望したのである。朱子の中に己を見、孔子の中に己を見、そこに同じ危機の人、同じ救出の人、同じ悲痛なる魂の人を感じ取ったに違いない。

惺窩は廣通と共に四書を読み五経を読み、同時にそこに訓点を施していった。おそらくは朱子の『四書集注』に従い、たとえ古来公家の清原家などに家学として奥義口伝式に伝えられてきたものはあったとしても、民間では本邦初めての四書五経への訓点の施行であり、その完遂であった。一人の青年がもう一人の青年と共に、行きつ戻りつ、試行錯誤、こうでもあろうか、ああでもあろうかと、額を寄せ、筆を舐めつつ、返り点を付け、テニヲハを付けて行った様が彷彿として浮かび上がってくる。ここには金蘭の交わりと言っても言い過ぎではないほどの稀有な親密さが感じられてならない。惺窩の人柄にはどこか人を惹きつけて止まないある種の魂の芳香とでもいうものが漂っていたようである。貴種流離の香りである。惺窩を打ち砕いた悲劇、家系を崩壊に導いた不運というものの、身中深く貫かれ蜜蠟のごとく沈澱した果てに、時を経て、漂い始めた、悲痛なまでに透明な、不可思議極まりない芳香である。魂の蘭の香りであり、蘭奢待《らんじゃたい》の香りであった。それは百里離れた人をも惹きつけ、千里離れた人をも惹きつけて止まないものである。白い、若い、その頬に落魄として馨しい芝《し》蘭《らん》の香りが漂っていたのである。深淵の香りであり、悲劇の香りであった。

『孔子家語《けご》』に「善人と共に居る。芝蘭の室に入るがごとし。久しくしてその香りを聞かず。即ちその香りと化す」とあるが、惺窩と共に居た人ならば、かならずや同じ馥郁《ふくいく》たる芝蘭の香りに染められていたことを肯《うべな》うだろう。

その香りがもう一人の義兄弟、国境を越え、民族を越えた、もう一人の魂の知己を呼び寄せるのである。秀吉の朝鮮征伐という暴挙によってもたらされた朝鮮人捕虜、姜沆《きょうこう》（韓国読みでは、かんはん）その人である。

四　朝鮮人捕虜姜沆との出会い

姜沆（一五六七〜一六一八、朝鮮刑部員外郎・朝鮮有数の儒者）は慶長二年朝鮮の

役において捕虜となり、藤堂高虎の監視の下に一族郎党と共に日本に拉致され、始めは四国大洲に、後に伏見に移送され幽閉の身となっていた。慶長三年、惺窩は同じ伏見の赤松廣通邸においてその人と会うのである。時に惺窩三十八歳、姜沆三十二歳。慶長五年春、惺窩・廣通らによって帰国を許されるまで一年有余その交遊は続いた。

その間のことは姜沆の記録『看羊録』（朝鮮儒者の日本抑留記）に克明に書かれているのであるが、文中、藤堂高虎を倭賊と呼び、秀吉を「賊魁《ぞくかい》秀吉、豺狼の禍心あり」とし、日本人を醜奴《しゅうど》と呼んで憚らない、その怨嗟の激しさは、秀吉の理不尽な暴挙に対するほとんど民族的な抗議に基づいたものであろう。敵国に幽閉、いつ耳鼻斬りの処刑、車裂きの極刑に遭うか分からない日々にあって、漢文明の護持者としての矜持をもって傲然と生き抜く姜沆の前に突然惺窩その人が現れるのである。そして日ならずして二人は奇跡的に意気投合、相手の中に知己を見出したのである。

『孔子家語』に言うごとき「惺窩と共に居る、芝蘭の室に居るがごとし。久しくしてその香りを覚えず。自ずからその香りと化す」ということが起こったのである。荒御《あらみ》魂《たま》の人が惺窩を前にして武装解除し和御魂《にぎみたま》と化したのである。国境を越え、民族を越え、憎悪を越え、敵味方の対立を越えるということが起こったのである。惺窩にとっては、渡海を企ててまで探し求め遇おうとした幻の師が今目の前に舞い降りているがごとき思いがあったであろう。朱子その人が、孔子その人が降臨している思いであったろう。孔子の道は広いのである。その中に入れば敵味方もないのである。大道無門である。「朋《とも》あり、遠方より来たる。また楽しからずや」が事実となったのである。憎悪と怨恨と敵意、これほど遠い遠方はないのである。しかもそれを越えて朋なるものがやって来たのである。二人は『論語』冒頭のこの言葉の真実を噛みしめたことであったろう。

姜沆は「朝鮮国三百年以来かくの如き人あるをいまだ聞かず。吾不幸にして日本に落つるといえども、この人に遇う。また大幸にあらずや」（前記「行状」）と惺窩について述べ、その庵に「廣胖窩《こうはんか》」と名づけたとあるが、惺窩の第一印象がこの廣胖であったことが想像できるのである。それは四書の一つである『大学』の中の言葉、「徳、身を潤し、心廣く、体、胖《ゆたか》なり」（仁徳行き渡り、心廣く、体がゆったりとして豊かである）から取ったものであり、仁徳の人として惺窩の人物を語って余すところのない言葉であった。

惺窩は廣通と共に姜沆に四書五経の筆写を依頼しさらにそのための跋文の作成を請うた。姜沆は幽閉の身でありながら欣然としてそれを引き受け、一族の者と共同して筆写を完成した。その跋文に言う、千百年を曠《むな》しくして始めて惺斎斂夫（惺窩）一人を得たり。窮約（貧窮）自ら守り、聞達（栄達）を求めず、ただ文籍（漢籍）を以て自ら娯しむ。その学、深造獨詣《しんぞうどっけい》（深く至り独り究む）。（中略）ああ、堯舜の道、孔子にあらざれば明らかにする能《あた》わず。これ孔子なければ堯舜なきなり。孔子の道、宋賢（朱子等の宋の儒者）にあらざれば行う能わず。これ宋賢なければ孔子なきなり。日東（日本）の人、宋賢あるを知らず。ただ斂夫（惺窩）一人これを表出す（取り上ぐ）。これ斂夫なければ宋賢なきなり。

千年の知己とはこのような人を言うのであろうか。

知己の言葉をその「惺斎記」によってさらに続けてみよう。

その人となり、隠居教授（世を退き、訪れた人を教える）、聞達を求めず。（世間の）人、この人を（噂に）聞くことはできても見ることはできず、見ることはできても（その真実の姿を）知ることはできない。簞瓢陋巷《たんぴょうろうこう》（孔子の愛弟子顔回のごとく一杯の水と一碗の飯をもって場末に生きる）に処しても裕如たり（悠然としている）。

義として不可ならば、千駟万鍾《せんしばんしょう》（千の車、万の盃）を差し出されても受け取らず、悪を疾《にく》むこと風のごとく、善を見ること驚くがごとし。道として合わざれば、王公大人といえども顧みず。その学たるや師傅《しふ》（師匠）によらず、小道に局せず（小さな世界に縮こまらず）。（中略）豪傑の士にして文王《ぶんのう》を待たざる者なり。

最後の言葉は『孟子』（尽心篇・上）から引用したもので、「文王を待ちてしかる後に興る者は凡民なり。かの豪傑の士のごときは文王なしといえどもなお興る。」（周王朝の創始者・文王の教化があって、その後、発奮して立ち上がるのは凡人である。豪傑の士のごときは文王なくして独り決然と奮起する者である。）

惺窩の人物、さらには、その人の日本文化史上における意義というものをこれほど的確にこれほど深淵に穿ち尽くした言葉もないであろう。惺窩とは文王なくして独り決然として奮起する者であった。

惺窩と姜沆と廣通の三人の金蘭の交わりはなおしばらく続く。敵味方を越えて、ほとんど奇蹟の共同作業は続いて行くのである。書簡の往復あり、漢詩の応酬あり、四書五経（正確には、さらに、『周礼全経』、『小学』、『近思録』、周濂溪《しゅうれんけい》の『通書』、張《ちょう》横渠《おうきょ》の『正蒙』など）の筆写と検討と答問あり、その間、姜沆は惺窩のために「是《ぜ》尚窩記《しょうかき》」、「惺斎記」、前述の「五経跋」を書き、さらに、惺窩の編纂になる『文章達徳綱領』に序文を寄せ、姜沆の指導の許に孔子を祭る釋奠《せきてん》の儀式を廣通の邸において本邦始めて行い、惺窩、始めて儒者の正式の服装たる深衣道服を着することになるのである。

このようにして姜沆のいわゆる孤囚四年（藤堂高虎の軍勢に捕らえられた慶長二年・一五九七年・九月二十三日より慶長五年・一六〇〇年・四月二日の釈放まで）の歳月は過ぎて行った。惺窩や廣通などの長い間に亘る助力と斡旋によって、ついに、姜沆はその一族郎党合わせて三十八名と共に、藤堂高虎の館から釈放され、帰国の途に就くことになるのである。

姜沆は帰国後しばらく朝廷に仕えていたが、思うところあって故郷に隠棲、睡隠と号して沈潜、著述に隠れたと言われている。享年五十二歳であった。

姜沆幽閉の日々にあって、一日、惺窩ら一室に集い、黄菊白菊を描いた屏風を前にして漢詩の応酬があった。姜沆の詩に和して惺窩は次のような詩を作った。

数茎の叢菊　色、奇を交え

遠客の新題（姜沆の詩）また自ずから宜し

節義高く　秋霜　底に露《あら》われ
花に対《むか》いて猶言う　是れ吾が師と

姜沆を黄菊白菊に喩え、秋霜の中、節義高く底に現れた、その花の姿を指して、吾が師と詠じたのである。無言の献辞であり、黄菊白菊、相応じ相香る以心伝心の邂逅の詩であった。

姜沆は惺窩を目して「豪傑の士にして文王を待たずして奮起する者」とし、惺窩は姜沆を目して「節義高く秋霜に耐える黄菊白菊の人にしてわが師」としたのである。おそらくは両者共相手の中に自らを見て取ったに違いなく、白菊が黄菊を見たのであり、豪傑の士が豪傑の士を見たのである。

白菊は去った。黄菊はにわかに寂寥を感じたであろう。暗夜に二つの花の魂が瞬時に出逢いそしてまた瞬時に別れたのである。花の邂逅であり奇蹟の邂逅であった。

惺窩と姜沆のこの運命的な交遊は、琴の名人伯牙《はくが》とその友たる鍾子期《しょうしき》（春秋時代の楚の国の人）の交遊を思わせるものがある。二人は相集うごとに、伯牙が琴を弾き始める。鍾子期は傍にいてそれを聞く。伯牙は高山を思って琴を弾く、するとやがて鍾子期は「善いかな。峨々として泰山の趣がある」と言った。次に又伯牙は流水を思って琴を掻き鳴らす。するとやがて鍾子期は「善いかな。洋々として江河の趣がある」と言った。伯牙の思うところは同時に鍾子期の思うところであった。そして鍾子期が楚を去るや、伯牙は二度と琴を弾くことはなかった。その事を後に人が問うと、伯牙は「わが志を知る者なく、わが琴を知る者すでになし」と言ったと伝えられている。

惺窩にとって姜沆は鍾子期であった。わが志を知りわが琴を知る者が異国に去ったのである。断琴の思い只ならぬものがあったであろう。惺窩にとって学問とは琴であった。孔子の学問とは琴であった。それを学びそれを深めそれを体得しそれを実践することは弾琴に等しいものであった。そしてその傍らにいて同じ思い同じ志をもって聴琴してくれた人がついに去ったのである。ふたたび暗夜が訪れたのである。ふたたび荒野が訪れたのである。

しかしながら惺窩は姜沆の言葉をふたたび思い出す。己を指して「豪傑の士にして文王なくして独り奮起する者である」と言った、その言葉を思い出すのである。そうである、己は文王なくして独り立ち上がる者である。文王なく、先哲なく、そして、ついには、姜沆なくして、独り決然と奮起する者である。またそうでなければならぬ。それこそが絶えたるものを継ぐということである。わが道はつねに絶えたる道である。己独り歩くことによって絶えたる道は継がれて行くのである。孔子の道とはつねにそういう道であった。われは孔子なくして独り奮起するものであるか。そしてそれがまた孔子の道であるか。ならばその道を歩き出さなければならぬ。独り踏み出さなければならぬ。

琴はふたたび荒野に響き出す。しかもさらなる暗夜に向かって響き出すのである。あの義兄弟たる赤松廣通の悲劇が待ち受けているからである。

五　同志赤松廣通の死

赤松廣通は家康の命により自刃する。慶長五年十一月二十八日、時に、廣通三十九歳、惺窩四十歳。急転直下である。有無を言わさぬ戦国の習いであった。直前の、同年九月十五日、関ヶ原の会戦起こって、由来秀吉の配下だった廣通は西軍に加わり、石田三成と共に家康率いる東軍と戦い、丹後田辺城の細川幽斎を攻めたが、西軍は大敗。十月一日、石田三成はさらし首、廣通は居城たる丹波竹田城にて蟄居、東軍の亀井武蔵野守の誘いに乗せられて、鳥取城を攻めて勲功あるも、民家に火を放ったとして、家康は許さず、鳥取城下真教寺において切腹した。二百数十年続いたと言われる名門赤松家はここに断絶したのである。

惺窩と廣通との交遊もこの時終わった。かつて朝鮮の儒者姜沆は、伏見城下の囚われの日々、二人のために「五経跋」を書き、文中において、「斂夫（惺窩）の志、赤松にあらざれば成ることあたわず、これ赤松なければ斂夫なきなり」とまで言って誉め称えた、二人の間のほとんど奇跡的な金蘭の交わりはここに終わりを告げたのである。

当時の記録によれば、竜野城主赤松政秀は、毛利討伐の途次にあった秀吉の大軍の下に降り、政秀の次男廣通は、一時、近隣の佐江の地に退居したとある。しかもそこは惺窩が幼時七、八歳より十八歳のころまで禅を学んでいた竜野景雲寺の近くであって、時に、廣通十六歳、惺窩十七歳、両者の間には交遊があったと地元では言い伝えられている。

後、天正十三年、廣通は秀吉の長曽我部元親討伐の軍に加わって、功あり、但馬竹田城、二万二千石を賜った。二十四歳の時である。

二人は戦乱の巷にあって翻弄され続けた。つねに有為転変の只中にあった。惺窩十八歳、父の領する細河の荘は近隣の赤松家の旁族たる別所長治の襲撃を受けて滅び、父と兄を失って京都に逃げ、廣通もまた竜野城を秀吉に明け渡し、秀吉の配下となって、生き延びた。惺窩は秀吉に領地の復権を願うも無視され、廣通は屈辱を忍んで秀吉軍に加わり、竹田城を得た。しかも惺窩の父祖の地を滅ぼしたのは間接的ながら廣通一族の者であった。ある意味では二人とも敵同士の家柄に属していた。そのことを二人はおそらく知っていて、しかもそれを越えて交遊を重ねたと想像されるのである。

秀吉はやがて伏見に城を築き、廣通もまたそこに邸宅を構えたに違いない。惺窩いまだ相国寺にいて、秘かに儒への道を模索していた。天正十六年から文禄元年に掛けて越後の国に滞在していた惺窩の叔父寿泉から廣通へ宛てて交遊を感謝する手紙が出されているところから、二人の交遊は伏見城下においてこの頃からいよいよ親密さを増して行ったことが考えられよう。

越えて文禄三年叔父寿泉より義絶され、相国寺を出ることになった。禅より儒へと意志を固めた惺窩に対する叔父または相国寺よりの一種の破門であった。惺窩三十四歳の時である。「行状」によれば、この時、惺窩は「われ久しく釋氏（仏教）に従事するも、心に疑いあり。聖賢の書（四書五経）を読んで、信じて疑わず。道、果たしてここにあり。あに人倫の外（仏教の世界）にあらんや。釋氏すでに仁種を絶ち、義理を滅す。これ異端となす所以なり」と言い切ったとされる。仏教の堕落を激しく弾効するると同時に、この時、日本において始めて儒者というものが誕生したのである。

このことを伝え聞いて、廣通は即座に「童男婢奴を送って奉仕せしめた」（「行状」）とあって、惺窩の儒者宣言に対して満腔の賛意を表したのであり、その生活の資の一切を援助することを申し出たのである。言わば、たった二人による新しい儒の道、たった二人の孤絶独往の道が始まったのである。やがて朝鮮の儒者姜沆がそこに加わるであろう。

惺窩は熱誠の人であった。ひたすらの血、まっしぐらの血が流れている人であった。道は果たしてここにありと、自ら決断し、自ら確信した、その道をひたすらにまっしぐらに突き進むばかりであった。今や孤絶独往は百も承知の道であった。「人、一たび、これをよくすれば、己、これを百たびし、人、十たび、これをよくすれば、己、これを千たびす。果たしてこの道をよくせば、愚と雖も必ず明らかに、柔と雖も必ず強なり」とする、『中庸』の中の決起の言葉をこの時思い起こしていたことでもあろうか。

この決意、この決起の底には、一家流亡を生きた惺窩独自の悲劇感があって、それを促しているのが感じられてならない。あるいはその悲劇感の命じる一種の運命愛とでも言うもの、「これがわが運命か、なれば、よしまた一度」と決意するがごとき

「ふたたびの覚悟」というものが感じられてならないのである。

このような人であればこそ、またこのような人でなければ、人を動かすことはできない。人を動かして、同じ道を志し、同じ道を歩むことを促すことはできない。

廣通は惺窩の中に、一人の悲劇の人を見た。そしてその悲劇の中から一人奮起して新しい真実の道へと立ち上がろうとする人を見た。そして惺窩もまた廣通の中に同じ悲劇の人を見、悲劇の中にあって、同じ真実の道を歩もうとする同志を見た。惺窩は廣通を信じたのである。同じ真実の道を歩もうとする人を、たとえどんな身分の人であれ、どんな立場の人であれ、たちどころに、惺窩はその人を信じたのである。朋友として、知己として、絶対の思いをもって信じたのである。不信と背反と裏切りの乱世にあって信じられるのは朋友だけである。そして廣通の中にほとんど唯一の朋友を見たのである。孤絶が孤絶を呼び寄せ、独往が独往を招き寄せたと言っていい。

惺窩にとって孔子の道とは元より仁の道であったが、この乱世にあっては、それは、何よりも、信の道であった。同じ理想を共にする朋友を信じる道であった。士は己を知るもののために死すと言う。惺窩はまさにそのような知己のために死んでも良しとするがごとき激烈な魂の持ち主であった。信なくんば朋友はあらずと言う。惺窩はそのような朋友を信じ抜く白熱した魂の持ち主であった。

その友が死んだ。同じ道を行く知己が消え失せたのである。かつて姜沆が去り、今また廣通が去った。わが琴を知る友がふたたび消えたのである。わが琴の音を聞き分ける知己が今また消えたのである。

惺窩は「悼赤松氏三十首」を作ってその死を悼んだ。その歌に言う。

神無月思ふもかなし　ゆふしもの（というものを）置くや剣《つるぎ》の束の間の身を

剣刃《つるぎは》の砕きてし身を　鴛鳥《おしどり》の惜しむ甲斐なく我ぞなくなる

異様な挽歌である。ここには、友と共に自らもまた刃《やいば》の下に首を差し出したごとき只ならぬ気配がある。友と共に己も死んだのである。友と共に己も砕け散ったのである。「我ぞなくなる」は「我ぞ泣くなる」でもあり「我ぞ亡くなる」でもあったろう。そしてまた「おしどり」を鴛鴦と書かずに鴛鳥と書いた。鴛は雄、鴦は雌と言う。とすれば、そこにも一個の深い思いが隠されてあったことだろう。それこそは男が男に捧げた絶唱であった。凄惨な艶とでもいうものが感じられる所以である。

六　羅山青年現る

以後、惺窩は洛北市原の小庵に引き籠もった。聖賢の書を読み、信じて疑わず、道、ここにあるとして、今や一人、その一人道を、落魄とした確信をもって歩み続けるばかりだった。世に道あれば出でて仕え、世に道なければ退いて道を守る、その一人道を行くのである。かつて、父祖伝来の領地を奪われて、その復権を秀吉に訴えるも無視され、後、相国寺にあって、関白秀次の招きに応じて、詩会に出席するも、相国寺を始め五山僧侶たちの、秀次に対する阿諛追従の卑屈さに失望して、以後出席を拒んだ。そしてまた、後に、江戸に出て、家康に『貞観政要』を講じ、家康上洛の時に、儒服をもって拝謁するも、同席に相国寺の長老たちが居て、かつては足利幕府に、次いで秀吉に、そして今や、家康に仕えて、京都五山の延命を図り、惺窩に向かって、得々として、なぜ僧衣を捨てて儒服を選んだかと指弾する卑屈なる傲慢さを見て、惺窩は人倫の道の尊さを断固主張して席を立った。そして今、家康による廣通切腹の悲劇を目の当たりにしたのである。

権力は危うい。権力はすべての人を過つ。権力者その人をも権力に近づく人をも狂わせるのである。

惺窩はそのことを骨身に徹して知っていた。

惺窩は信義の人であった。つねに逆境に居て、その独自の悲劇感によって絶えず鍛えられ煉り上げられた信と義であった。磐石の信と義であった。不信と不義の乱世にあって、惺窩はどこまでも信じるに足りるものを探し求め、聖賢の書を得てそれを信じ、奇蹟の朋友を得てそれを信じた。信とは共感である。信じた相手との一体感である。義とは踏み止まることである。道に踏み止まり道に殉ずる覚悟である。であれば、義として不可ならば千車万盃も受け取らず、道として合わざれば王公大人といえども顧みずであった。惺窩はそれを生きた。生き抜いた。

運命は不思議である。そのような惺窩の前に、もう一人の廣通とでも言うべき人物が現れるのである。林道春（後の羅山）の登場である。一人の青年が惺窩の前にぶりとやって来たのである。慶長九年、惺窩四十四歳、羅山二十二歳の時であった。

林羅山（一五八三〜一六五七）は天正十一年浪人の子として京に生まれ、若くして秀才の誉れ高く、十三歳、建仁寺に入るが、二年を経ずして去り、以後、独学、聖賢の書として読まざるはなく、当時、秀吉の朝鮮戦役によっておびただしく舶載されて来た朝鮮刊行になる儒教文献、特に、朝鮮随一の大儒李退渓の主導による朱子学関係の刊行物を読破、二十一歳にして、京において、朱子の『四書集注』の講義さえ行うまでに至った。

年少気鋭、覇気に満ちて、武士であれば一国一城の主であることを夢見、学問であれば、本邦無比の碩学たらんとする、どこか覇道の人を思わせる青年であった。であれば、人づてに、自分と同じく五山に入って、しかも禅より儒へと向かった人物が居ることを知るや、即座に、知人吉田素庵を通して、惺窩と会ったのである。

二人はたちまちの内に意気投合した。ここでもまた惺窩は一挙に羅山を信じたのである。当時、友人に宛てた書簡に、惺窩は「近時、皆、驢鳴犬吠《ろめいけんびょう》なり。故に、久しく筆硯を廃す。今それ道春（羅山のこと）予を起こす者なり。韓山（羅山）片石（自分）、共に語るべきのみ」と書き送った。今は乱世、驢馬の嘶き、犬の遠吠えのごとき小人共のうるさい小競り合いばかり、久しく人と会い人に書を送るのも廃していたが、一騎当千の道春現れて、我を奮起せしめた。いざ、また、道を語るべし、道に立ち上がるべしと言ったのである。以後、道春は、足繁く訪れ、また書を呈しては、二十二歳年長の惺窩に向かって、単刀直入、舌鋒鋭く、質疑し、応答し、論戦を重ねては、むしろ、惺窩に迫り、惺窩を追いつめさえした。今に二人の間の書簡文は『藤原惺窩集』（思文閣）に残されているが、その論戦振りは一つの新しい学問一つの新しい思想が生まれる際の生きた白熱の坩堝《るつぼ》の中を覗き見るがごとき臨場感に満ちている。その時、惺窩は何ら武器を持たず一個の裸の人間として立った。羅山は朱子学を持って武装して立ち向かった。両者共朱子学を出発点としたが、惺窩は朱子の中の人間を信じた。羅山は朱子の中の学説を信じた。人間は矛盾を含み、不整合を含み、玉石混淆であるが、学説は矛盾を嫌い不整合を嫌い、純血を目指して、他を排除する。惺窩は朱子から学んで、朱子の求めたものを求めたが、朱子の学説を研究する朱子学者ではなかった。羅山は始めから朱子の中から学説を取り出し、それを究めそれを純粋化し急進化して、それと矛盾する他の学説、老荘も仏教も陽明学（陸象山から王陽明に至る）も排除して止まない、言わば、純正の朱子学者であった。

たとえば、羅山との初対面の後、羅山の書簡に答えて、惺窩は次ぎのごとき返書を送った。（原文は漢文であるが、そのほんの一部を自由に訳してみる。）

小生、貴書に接して、改めて、光彩陸離たる貴君の風采の慕わしきを覚えております。遙かに梅を望んでその匂いを今も嗅ぐがごとき思いです。初対面ながら、情すでに親密なるものを感じました。小生、日常、孑孑然《けつけつぜん》と（矛のごとく孤立）して、友なく、孤陋、寡聞の内に日を過ごしておりましたが、貴君を得て、この乱世、朋友の道のいまだ滅ばざるを感得しました。とすれば、無友と言うべからず、孤陋と言うべからず、寡聞と言うべからず、ふたたび切磋琢磨の道が開かれるのを願わざるを得ません。

貴君は朱陸の弁（朱子を是とし陸象山を非とする弁論）を滔々と述べて、小生の不徹底を詰問されましたが、貴君は後世の朱子学者の定説に従ったまでのことでありましょうか。（中略）小生思いますのに、朱子はその性、篤実にして、邃密《すいみつ》（精密）を好み、後学の者、ために、支離の弊（全体を見ず、細事に拘る欠点）あり。陸象山はその性、高明にして簡易を好み、後学の者、ために、怪誕の弊（己を良しとして自由放恣の欠点）あるを免れず。これ両者の異とするところ。人は異とするところを見て、同じきところを見ません。同じきところとは何でしょうか。堯舜《ぎょうしゅん》を是とし桀紂《けっちゅう》を非とすること、孔孟を是とし釋老（釈迦、老子）を非とすること、天理を公とし人欲を私とすることであります。そうして心をもってこれを正し、身をもってこれを体して、一旦豁然《かつぜん》として（からりと）貫通するならば、朱陸双方の生き方は同か異か、すでに見聞の智（知識や学説など）の問題ではなくて、体認自知の人間の問題となるでありましょう。薛敬軒《せっけいけん》は言っております。朱子に便乗して韓退子（唐の文人）を誹る人は己の力量を知らざる罪を免れずと。小生もまたそれを恐れるものであります。

言、意を尽くさず、ここに至りましたが、小生の狂愚の言、ただ深く謝するばかりです。

悠々として大きく、朱子も陸象山も二つながら受容、孔子博雅の道を行く惺窩の息遣いがここに聞こえてくるようである。以後、二人の書簡の応酬、直接会っての論戦はいよいよ盛んになり、それはほとんど生涯続いた。しかも惺窩はそのような忌憚なき羅山を愛した。両者は、世俗的には、師弟の間柄であったが、惺窩はあくまで羅山を弟子というよりはむしろ一人の掛け替えのない朋友、大きな、果てもない道を、互いに、切磋琢磨しつつ、二人三脚、歩んで行く、尊い朋友と見なして、愛でたのである。

惺窩はすでにこの世に何一つ望むものがなく、この世に何一つ求めることがなかったごとくであった。この大きな果てもない断念こそ惺窩の一番深いところを流れている心情であった。おそらくは十八歳の時己を打ちのめした悲劇感によって醸成されたものであろう。以後、度重なる逆境にあって、人知れず、何度泣き続けてきたことであったろうか。泣くことは自我が崩壊することである。泣くたびにその都度自我の一つの層が崩壊するのである。そのたびに人は風になる。そのたびに人は月になる。風はすでに望むところがない。月はすでに求めるところがない。惺窩もまた半ば月となり風となって生きるのである。

上記の手紙に言う「一旦豁然として貫通する」とはそういうことである。悟りとか悟道とか達観とかいう類いの綺麗事ではない。泣き尽くして風になることである。泣き尽くして月になることである。そこまで行かなければ、何事も分かるものではない。そこまで行かなければ、風の孤独も月の孤独も分かるものではない。

羅山が始めて惺窩に会ったのは二十二歳の時である。そしてその三年後、二十五歳、羅山は家康に迎えられて、駿府の文庫の鍵を管理する大役を務めるまでに至った。以後、江戸幕府にあって、家康、秀忠、家光に用いられて、幕府の文教、政治、外交の各方面に亘って八面六臂の活躍を見るまでに至るのである。

しかしながら、家康は当初惺窩をわが師わが相談役として要請したに違いなく、それを、おそらく、惺窩は辞退して、代わりに、羅山を強く推薦したのであったろう。

惺窩の王道、羅山の覇道、この二つの道がこれほど鮮やかに日本の歴史において輝き渡った瞬間はなかったであろう。惺窩は羅山の覇道を許したのである。羅山の覇気を愛したのである。それなくしては政治は成り立たず、すくなくとも江戸幕府の政治は成り立たないことを予見していたのであったろう。惺窩の王道たる所以である。

七　胸中洒落《しゃらく》、光風霽月《せいげつ》の如し

惺窩と羅山の交遊はなおも続く。いやむしろ繁きを増したほどである。一日、惺窩は羅山に自らの愛読書たる『延平答問』を貸し与えた。

『延平答問』、それはきわめて小さな愛すべき書物である。早春の朝まだき通りを歩いていて、垣根越しに、ふっと漂ってきた、沈丁花の花の匂いのごとき、馨しい書物である。中国二千年の儒教の歴史の大道の傍らに、奇跡的に、ほおっと咲き出た、麗しくも懐かしい書物である。それは朱子いまだ二十四歳の時、すでに六十歳を超えた李延平師を得て、その師に向かって、人生の上の、学問の上の、数々の悩み、数々の疑惑、数々の煩悶を訴え、問い、質し、応答を願って送られた書状に対して、切々と返事を書き送った、師の書簡を集めたものであった。いまだ少年の面影を残す朱子を前にして、それはほとんど唯一の弟子だったろう、李延平晩年の孤独な日常の心情が、ふたたび春を迎えたごとく、自ずから流露していて、朱子を打ち、また、後世、読む人の心をも打つのである。

朱子は李延平を通して、図らずも、隋唐以来、地下に潜って伏流水のごとく流れてきた純正の儒教の流れ、言わば、絶えたる孔子の道の流れを、初めてのごとく目の当たりにし、その伏流水の清冽な水しぶきを浴びたのである。朱子は李延平に連なり、李延平は羅予章に連なり、羅予章は楊亀山に連なり、楊亀山は程明道程伊川の二兄弟に連なり、二兄弟は周濂溪へと連なる、伏流水故にいや増し純粋を極めた、清冽な孔子の道統というものに自らも連なったのである。それは後に、朱子を通して、まず始めに『延平答問』として纏められ、周濂溪以降の師弟の流れを『伊洛淵源録』としてまた『近思録』として編纂され顕彰された。朱子は、孔子が五経を、司馬遷が『史記』を編纂したごとく、上記三書を編纂して師恩に酬いたのである。朱子は恩義に厚い人であり、埋もれたるを顕し、隠れたるを救出する、顕彰者であり救出者であった。

『延平答問』から文章を二、三取り上げてみよう。

私はすでに晩年、ただ道を求むる心のみ甚だ切なるものを覚えております。この頃少しく自覚するところがありましたが、いまだ洒落《しゃらく》の境地にはほど遠い有様です。そのために静座に励んでおりますが、落ち着きを得るところにまで至っておりません。往年の朋友すでになく、話し相手もいない今、ここに貴君を得て、心急いで語らないではいられません。

この度、周濂渓の遺文をご恵贈賜り、厚く感謝申し上げます。その中の「通書」は以前一部を読んだことがありますが、今回初めて通読、深く感銘を受けました。

かつて黄庭堅（宋の詩人の黄山谷）は周濂渓の詩の序文を作って、「舂陵《しょうりょう》の周茂叔（周濂渓のこと）は人品甚だ高し。胸中洒落《しゃらく》にして、光風霽月《せいげつ》のごとし」と言われましたが、至言であります。この句は有道者の気象（心境）を形容して、まさに絶佳、私の大好きな言葉です。胸中洒落であれば、為すところすべて洒落ではありませんか。学ぶ者ここに至ることは至難の業でありましょうとも、この言葉を深く胸に刻んで道に励まなければならないと考えております。どうか、貴君においても、日常の諸事万般、このような洒落の心をもって道に進んで行って下さるよう祈念しております。

私は幾多の師友の教えを受けてより、天の霊に頼って、つねにその教え、その心を身中に刻んで参りました。資質、美ならず、俗事多端なれども、その心はいまだかつて忘れたことはありません。聖賢の言葉において、この頃、深く自得するところもありますが、我すでに老いたり、いよいよもって励むばかりです。貴君はそのような孤陋寡聞なる私を鄙とせずして（見下げずに）、遠方より、尊い質疑の書を寄せて下さいます。恐縮これに過ぎるものはありません。

落魄とした哲人の心の風景がよく窺える文章である。このような果てもない謙譲の人にして始めて魂に玉《ぎょく》というものが宿るのであろう。

周濂渓の人品を評した「胸中洒落にして光風霽月の如し」という黄山谷の言葉こそは『延平答問』の中の白眉の言葉であり、同時に、周濂渓より李延平へ、李延平より朱子へと至る、後に宋学と呼ばれるに至る、新しい儒教の真髄を伝える言葉でもあったろう。それは宋学の思想なり哲学なりの全体を表現するというよりはむしろ宋学を担った人達の至り着いた精神の風景というものを象徴する言葉であった。

胸中何のわだかまりもなく澄み渡り、雨上がりの夜空の月の光のようである。

そう評された周濂渓なる人物は宋の始め役人として王朝に仕え、数々の裁判を解決し、晩年、濂渓の畔に棲んで生涯を終えた人であり、著書に『通書』『太極図説』あり、『拙賦』『愛蓮の説』をまた書いた。『通書』は易に通ずる書であり、四書の一たる『中庸』の精神をもって『易経』を読み直し、さらにそれを深化させたものであり、『太極図説』は『易経』を図式化してみせたものであった。『通書』はきわめて短い作品であるが、神韻縹渺、深々として、人を曰く言い難い天界に誘う魔力を湛えている。朱子はこの書を六度読んで、なお巻を措くあたわず、これより『易経』に入ったと言う。周濂溪によって『易経』は甦ったのであり『中庸』もまた甦ったのである。しかもこのように儒教の再興者でありながら、「功者は言い、拙者は黙す。功者は凶、拙者は吉。我は功なるを恥ず」(『拙賦』)として拙なるを尊び、そしてまた、「陶淵明は菊を愛し、世俗は牡丹を愛すれど、我は一人蓮を愛す」として、「泥より出でて泥に染まらず、香遠くしていよいよ清浄なる」(『愛蓮の説』)を尊んだ。胸中洒落、光風霽月の如しと評される所以であった。

胸中洒落の風懐は遠く孔子とその弟子顔回に発し、周濂溪に至って甦り、程明道から李延平へと伝わり、朱子に至って総合されたのである。その一端が『延平答問』にかすかに残されているものであった。朱子の『延平先生李公行状』によれば、李延平は、友人から「氷壺秋月のごとし、瑩徹《えいてつ》(美玉)疵なく、わが輩の及ぶところにあらず」と評されたとあれば、周濂溪の「光風霽月」はさらに李延平の「氷壺秋月」へと徹底したことになる。朱子は『中庸』の中から文章を引いて、「『中庸』に依りて、世を遯《のが》れて知られずして悔いざる者、先生はこれに近からんか」と言って、その死を悼んだ。なお、『延平先生李公行状』は雄渾にして沈痛を極め、痛切、読む者をして肺腑を抉《えぐ》らしめる大文章であった。朱子の恩義の人、救出の人たる所以である。

惺窩は『延平答問』を読み、そしてさらにその中の上記周濂溪の条に至って、わが魂はここにありとするがごとき感激を覚えたことであったろう。惺窩は周濂溪の中に己と同じ詩人と哲人の総合を見たのである。

濂溪の人品甚だ高し、胸中洒落にして、光風霽月の如し。

言葉というもの、文章というものに真実が籠もるということを、ここに至って始めて知ったことだろう。真実の言葉とは魂の源底に達した言葉であり、言葉と魂が一つになって、それ以外もはや何も要らないとし、これだけでいいとする、いや果ての静謐をもたらすものであった。

その言葉に触れて、惺窩は不意にして李延平が分かり、朱子が分かり、周濂溪が分かり、孔子が分かったことであろう。『易経』が分かり、『論語』が分かり、『中庸』が分かったことだろう。脱然貫通とはそういうことだ。風が吹き来たれば風になり、月が照れば月になることだ。胸中澄み渡って、光の風、雨上がりの月となることだ。

その感激をもって、いまだ消え失せぬ、その天地一体の感激をもって、羅山に『延平答問』を送ったのであったろう。そして羅山からの返書を受けて、曰く、

「延平の書を読了された由、大幸に存じます。それは貴君の大幸のみにあらず小生の大幸でもあり、小生の大幸のみにあらず、万人万世の大幸でもあります。この書を得て、貴君の体認涵養がやがて洒落の境地にまで至らざれば、今日の不幸、他日の不幸、万人万世の不幸ともなるものであります。先儒の修養は徹上徹下、この洒落の一字に極まるものであるからであります。」

惺窩の真意を羅山は正しく受け止め、たとえ道は違ったとしても、生涯胸中に師の恩を刻んで生き、惺窩の没後、朱子がその師の行状を書き記したごとく、雄大なる『惺窩先生行状』を書き綴ってその死を悼み、『惺窩文集』を編んだのである。

八　惺窩の友人門弟、江戸文化を開く

以後、惺窩の棲まう洛北の小庵に一人また一人と訪れる人が多くなった。そこは、あるいは、惺窩十二代前の先祖たる藤原定家の隠棲した「厭離庵」の近くでもあったろうか。羅山の『行状』によれば、惺窩は、性、酒を嗜むも、酔うといえども乱れず、人を避け世を避けるとも、人の訪れあれば、欣然として終日座談、人物に応じて、鐘を撞《つ》くがごとく、小なれば小鳴、大なれば大鳴、自在に相応じたという。

その友人の一人にかつて秀吉の臣下だった木下長嘯子《ちょうしょうし》（名は勝俊）がいた。若狭竜野城主にして大坂の役において家康より封を奪われ、東山の霊山に隠居、歌人として名を成した。以来、互いに行き来し、歌の応酬を通して、共に風雅の道に遊んだ。他に、中院通勝《なかのいんみちかつ》（朝廷より勅勘を蒙り、流謫地丹後田辺にあって、その城主細川幽斎より古今伝授を受け、その地にあって源氏物語註釈たる『岷江入楚《びんこうにっそ》』・五十五巻を完成、後に帰京）、松永貞徳（連歌師にして俳諧の祖とも言える俳人）、吉田意庵（医師、海運王にして土木事業家の吉田了以の弟、朝鮮儒者姜沆の帰国を助ける）等がいた。

門弟として、上記林羅山、松永尺五《せきご》（上記貞徳の子、その弟子に木下順庵、順庵の弟子に新井白石あり）、石川丈山（文人にして詩仙堂の主）、吉田素庵（上記吉田意庵の甥、惺窩に協力してその『文章達徳綱領』の編纂に従事、そしてまた本阿弥光悦と協力して一大出版事業たる嵯峨本を刊行）、那波活所（『学問源流』の著者）、堀杏庵（その四世後の堀景山の弟子に本居宣長あり）、菅得庵等がいた。

その教えを乞うた大名には、家康を始め、上記赤松廣通、浅野幸長（紀州和歌山城主）、戸田氏鐵（美濃大垣城主）、細川忠利（肥後熊本城主）、加藤清正（肥後熊本城主）、増田長盛（大和郡山城主）、直江兼続（米沢城主）等がいた。

不思議なことである。悍窩がこれらの人達を求めたのではない。これらの人達が悍窩を求め、悍窩を慕ったのである。世には隠れても慕わしい人、懐かしい人というものが存在しているようである。世には隠れても遠きにあっても、自ずから人を惹きつけて止まない馨しい人というものが存在しているようである。その最たる人が悍窩だったのかも知れない。もう一度『孔子家語』の言葉を借りて言えば、「悍窩と共にいる。芝蘭の室に入るがごとし」と言えるのでもあろうか。あるいは、遙かに悍窩の人となりを思えば、自ずから芝蘭の馨しさを覚えるということでもあろうか。

しかも悍窩はその人達を前にして師として振る舞った訳ではない。むしろあくまで一人の朋友として、同じ道を行く朋友、同じ真実への道を切磋琢磨して切り開いて行く朋友として相対したごとくであった。深々とどこまでも朋友の信義をもって対する人であった。小さく撞《つ》けば小さく鳴り、大きく撞《つ》けば大きく鳴る、果てもない梵鐘のごとき人であった。人が居なければどこまでも静かである。触れるものがなければどこまでも静謐である。人が居なければ一人を楽しみ、人が居れば二人を楽しむ。胸中澄み渡って、すでに胸中さえなく、雨上がりの夜の月となって照り渡るのである。洒《しゃ》落《らく》とは月光である。果てもない月の光である。月の光となって照り渡る。すでにそこには、己もいない、朱子もいない、延平もいない、濂溪もいない、孔子もいない。

九　洒落・熱誠・思無邪

しかもたとえかくのごとくであっても、惺窩は胸に熱誠を秘めた人であった。悲憤の人に会えば悲憤を発する人であった。悲劇の人に会えば悲愴をもって対する人であった。

羅山に与える書に曰く、

「昨日、独座寥寥《りょうりょう》、たまたま、畳山謝公の程雪楼・魏参政に与える二書を読む。覚えず、巻を掩うて涕泣《ていきゅう》す。古人、古人の文を読んで一字一涕す（一字ごとに泣く）と云う。愚（小生）、二書において一字万涕す。これ何の意ぞや。義気、古今遠近の間なきこと観るべし（先人の義憤というもの時空を越えて人を打つものである）」

宋王朝の忠臣謝畳山《しゃじょうざん》は宋王朝の滅亡に際し、元の捕虜となって、元の都に拉致され、重臣として抱えようとする数度に亘る元の魏参政（宰相）の要請をことごとく拒否、食事医薬の一切を拒絶してついに絶食憤死した人物である。宋末期の文人にして『文章軌範』を編纂した人でもある。

世には悲憤の書簡というものがあるのだろう。そしてそれを読んで惺窩は一字万涕したというのである。そこには敗死した父と兄への思い、朝鮮の儒者姜沆への思い、家康に切腹を命じられた赤松廣通への思いも籠められていたろう。惺窩の心底には依然として絶えざる悲憤のマグマというものが熱く湛えられていたのである。

そしてまた、慶長十一年（惺窩四十六歳）、紀州和歌山の城主浅野幸長の招きに応じて、和歌山に行き、幸長のために『寸鐵録』を書いた。おそらくは惺窩を我が師として迎え入れようとする幸長の要請を固辞した上での『寸鐵録』作成だったと思われる。広く、四書五経、老荘、『史記』、『漢書』、『文選』、『古文真宝』、禅語録等から、自在に、言わば、一気呵成に、箴言《しんげん》たる文章を拾って、編纂、それに対して註釈を加えて成ったものであった。しかも、一字一句みな「寸鉄人を殺す底の言葉」（禅語）であって、惺窩その人が心中寸鉄人を殺す底の鋭鋒を秘めた人であったことを証してもいよう。そして、この時、惺窩はすでに朱子学にこだわっていない、孔孟あり、老荘あり、釈家あり、融通無碍である。

その内の二、三を引くならば、

子曰く、詩三百、一言もってこれを蔽えば、思無邪《しむじゃ》。（『論語』）
（詩経の詩のすべてを一言で評すれば、思いよこしま無し）

この思無邪こそ惺窩のいわゆる洒落の当体であろう。ここから詩が生まれる、仁が生まれる、洒落が生まれるのである。

眼裏塵有れば三界（世界）窄《せま》く、心頭無事なれば、一床寛し。（夢窓国師）
（心中塵あれば世界狭く、心中塵なければわが床わが心は果てもない）

大隠は市《いち》に蔵《かく》る、小隠は山に蔵る。（白居易）

惺窩はすでに大隠である。逃げも隠れもしない。人来れば欣然座談し、人なければ悠然として独座大雄峯である。

そしてまた徒然なるままに『逐鹿評《すいろくひょう》』（儒教を鹿に喩えてそれを逐い究める文章の意味で、四書の一たる『大学』の註解書）を書いた。おそらくこれも人の求めに応じて書いたものであったろう。きわめて親しみやすく、打ちくつろいで、風雅の友を相手に炉辺談話をする趣がある。もはや朱子もなく孔子さえもなく、自在に己の心の趣くままに、識見鮮やかに、『大学』を論じ来たり論じ去るのである。

儒教の一切はこの『大学』一巻を読めば分かる。後は要らぬ。そして『大学』は冒頭の一句「大学は明徳を明かすに在り、民を親しむに在り。至善に止《とど》まるに在り」を究めれば良く、後は要らぬ。冒頭の一句はその中の「至善に止まる」を体得すれば良く、後は要らぬと言い切った。

そして人間生得のこの「至善」なるものは、本来、天地の至善であり、天地人を貫いて働く「誠《まこと》」そのものであり、そしてその至善、その誠から、明徳の道も親民の道も、すべては始まるとした。『大学』では、さらに、その至善、その誠を得る道は「格物致知《かくもつちち》」であるとしたが、それを、惺窩は通常の朱子学的な説明を一挙に超えて、「格物」の物とは心上の物であり心上の塵であって、それを格《ただ》しないしは格《さ》れば（除き去れば）、自ずから、「致知」の知、つまり、至善の知というものが現れるであろうとした。

ここにはすでに胸中洒落なる人がいる。胸中隈なく澄み渡れば、すでに天地人の至善に至り着いているのであり、その時、自ずから、光と成り風と成り月と成って輝き出るのである。

惺窩はそれを大学つまり大いなる学びとした。そしてそこへと澄み渡る道として、周濂溪、程明道、李延平へと続いた静座澄心の工夫をもってした。

十　詩と仁と禅の総合者

終わりが近づいたようである。すでに枚数は尽きている。

思えば、惺窩は藤原俊成、定家父子の遙かな子孫である。その歌の道を継ぐことはなかったが、自然と一体となって錬成された風雅の心、一言をもって表せば、詩魂とでもいうものを烈々として宿していた人である。そしてまた惺窩は十代から三十代にかけてのおよそ二十数年間、禅の修行に明け暮れ、師を得ずして、その後、禅僧の道を辿ることはなかったとしても、自然と一体となって即今を生きる禅的精神なるもの、一言をもって表せば、禅魂とでもいうものをすでに体得していた人である。その後、それらの上に立って、孔子以来の仁の道というもの、そして、仁とは自他共に通じ合うことだとすれば、人間と自然と一体となって生きる仁の道、一言をもって表せば、仁魂とでもいうものを確乎として生き抜いた人である。

詩と禅と仁との総合こそが惺窩その人であった。それを詩的に表現すれば、まさにあの「胸中洒落、光風霽月」に外ならなかった。そして日本では菅原道真の中に、中国では陶淵明の中にそれを見出して、ひたすらに慕ったのである。さらには、王陽明の詩を読んでは「洒落、愛すべし」と言い、陸象山の人となりについて「天資高明、措辞（表現）渾浩《うんこう》洒落」と言い切ったのである。しかもこれを朱子学一点張りの羅山に書き送ったのであり、もはや朱子も羅山もないのである。すでに洒落自在であった。

おそらくは、胸中洒落の流れは孔子その人に源を発し、その弟子顔回に受け継がれ、一旦絶えて、宋に至って、周濂溪に甦ったのであろう。そしてそれは日本に来たって惺窩の中にまた甦ったのである。胸中洒落とはまさに詩と禅と仁の総合であった。惺窩は周濂溪の中に自らと同じその総合者を見て取ったに違いない。胸中洒落、光風霽月、この境涯の中からして始めて詩も禅も仁も生まれてくるものであろう。

惺窩は悲憤と逆境と破門の生涯を生きた。その果てに生まれてきた洒落であった。であればこそ、その洒落は、台風一過、夜空の三日月のごとく、刃《やいば》鋭く冴え渡ったのである。

第八章　吉田松陰

一　ドン・キホーテの魂

『始まりの人』の掉尾を飾るのは吉田松陰である。私にとって生まれて始めて読んだ本は吉田松陰のことを描いた絵本だった。松陰の一生をきわめて大まかに描いた固い紙質の絵本が家にあった。それを私は小学生にもならない頃読んだ。その中の一枚の絵は今でもよく覚えている。寅次郎（松陰のこと）少年が父が畑を耕している傍らに兄と一緒に座って本を読んでいる場面だった。今でもそれが懐かしく思い出される。おそらくは私もまた幼時父や兄たちが畑を耕している傍でまさにその松陰の絵本を夢中になって読んでいたからでもあろう。

その後、小学生時代には『ロビンソン・クルーソー』、中学生時代には『ドン・キホーテ』が私の愛読書となった。長じて、それらを『吉田松陰全集』とか『世界文学全集』とかで正式に読むことになったが、子供の頃の印象はすこしも変わらず、私の読み方もすこしも変わるところがなかった。

松陰、クルーソー、ドン・キホーテ、これら三人の人物は周囲の者にはよく分からない独自な信念に取り憑かれて、つねに困難の中に身を投じ、孤軍奮闘して行くのである。その信念、その困難、その孤軍奮闘に、読む度に、私は瞬く間に巻き込まれて、緊張し、興奮し、激励され、鼓舞されてしまうのである。それは私のきわめて単純な英雄崇拝と感情移入のためでもあろうが、かれらの不可思議な魔力のなせる業でもあった。

松陰は孔孟の教え、仁と義の道を徹底的に信じた。幕末の時代、朱子学としての儒教は武士階級の間に行き渡って、より多く個人として武士としての教養と学問と体制的な道徳に止まっていた時に、松陰は国難突破のためのもっとも危険なもっとも急進的な行動原理として、それを実践しようと図ったのである。松陰には現状打破とその前方に輝く未来しか念頭になかった。一方、ドン・キホーテは騎士道物語を読み過ぎて騎士道を世に復興しようとして、すでに騎士道もなく騎士道の精神すらない近代の世俗の世界に向かって猪突猛進し、従者サンチョ・パンサを含めて出会うすべての者から嘲笑され罵倒される中、痩せ馬という意味を表す痩せ馬ロシナンテに乗り、甲冑を付け、憂い顔の騎士となって、精神なき世俗の荒野に向かって、その世界を更新すべく、突き進んで行くのである。ドン・キホーテにとってもまた現状打破とその前方に赫々と輝く未来しか眼中になかった。

松陰もドン・キホーテも精神そのものであった。しかも裸形の精神であった。剝き身の魂であった。そして精神はつねに現実に裏切られ、現実に嘲笑されるのである。松陰もドン・キホーテも過去に巨大な精神の光を見、それを信じ、言わば、それによって孕まれ、それと一つになって、今は、すでにそんな精神の光を誰も見ておらず誰も信じていない世界に、その光をもたらそうとして孤軍奮闘するのである。

唐突であるが、ここで思い出す言葉がある。マルクスはその著『ルイ・ボナパルトのブリュメール十八日』の第一章の冒頭にヘーゲルの次の言葉を引用している。

すべての世界史的な大事件や大人物はいわば二度現れるものである。一度目は悲劇として、二度目は茶番（ファルス）として。

ヘーゲルもマルクスもその言葉を文字通りに解して、一度目は悲劇として二度目は茶番劇として、つまり、一度目の人物や事件のコピーとして茶番的な模倣として現れるものだと言っているようである。しかし私はそれを違った風に考える。一度目の悲劇を二度目に悲劇的に演じることは茶番であり喜劇であるが、二度目に茶番として喜劇として自覚的に演じかつ描くということはその一度目の悲劇性というものの内実を秘かに匿《かくま》い秘かに護持する所以であると思うのである。

ドン・キホーテは騎士道を信じそれを復活させようとして、それがすでに滅んでしまった世俗の世界に向かって出発する。そしてドン・キホーテの騎士道はことごとく失敗し挫折し敗北する。しかもドン・キホーテは己の失敗己の挫折己の敗北に一切めげない。絶対に失望しない。絶対に絶望しない。七転び八起きする。現実は滅ぶが精神は滅ばないとでも言うごとくふたたび立ち上がる。騎士道の悲劇性、騎士道の精神性を、ドン・キホーテは茶番として喜劇として徹底的に演じかつ生きることによって、騎士道の悲劇性精神性を露《あら》わにし裸形化する。嘲笑されればされるほどそれは赫々として際立つ。遍歴の途次、至るところで、己を嘲笑し、己に向かって石を投げつけるすべての子供達すべての大人達に対して、礼を尽くして応対しつつ、道を説き、騎士道を説き、己を頭の変な老人としか見ない百姓娘のドルシネア・デル・トボーソを永遠の姫君として敬慕し額づき、どこまでも滑稽に、どこまでも毅然として、困難に立ち向かって行くのである。

五十歳にして退役軍人、以後、職業を転々として、諸国を放浪、さる理由をもって投獄された牢獄作家セルバンテスは眠られぬ夜ドン・キホーテを想像しドン・キホーテに取り憑かれるようにして己の逆境を生き延びた。おそらく獄中のセルバンテスはドン・キホーテの騎士道の背後にイエス・キリストの生涯を透視し感得し、秘かに重ね合わせていたに違いない。であれば、イエス・キリストは一度目は悲劇として十字架に掛かり、二度目は茶番としてドン・キホーテの中に現れたのである。イエスの悲劇はドン・キホーテの茶番の中に秘かに甦ったのである。裸形の精神はつねに十字架に掛かる。剝き身の魂は十字架に掛かるまで歩みを止めない。イエスは生涯悲しい人と言われた。ドン・キホーテは生涯憂い顔の騎士と言われた。精神の素顔とはつねにそういうものである。

二　チェ・ゲバラ

ここで私はもう一人のドン・キホーテとも言うべき人物を思い出す。チェ・ゲバラである。カストロと共にキューバ革命を成功させ、後、「別れの手紙」を書いてカストロと決別、キューバでの工業大臣、国立銀行総裁の要職を捨てて、世界革命という見果てぬ夢を抱き、虐げられた人民を救うべく、アフリカのコンゴに潜入、ゲリラ隊を組織してコンゴの政府軍と戦うも敗北、やがてまた、忽然として南アメリカのボリビアに出現、少数の革命同志と共に密林の中ゲリラ戦を展開するが、政府軍の襲撃に遭って、同志と共に逮捕され、山林にある小学校の一室で処刑された。享年三十九歳。遺体は三十年後に発見されたという。

アルゼンチンのブエノスアイレス大学医学部の出身でありながら、己の信じた革命道を生き抜くべく、キューバ、コンゴ、ボリビアの密林の中に潜入し前進し苦戦し、つねに新たな困難を選び、その中に身を投じ、持病の喘息に苦しみつつ、部下の兵士の背嚢に数十冊の本を背負わせながら、昼は銃を、夜は本を手に取り、まさに密林の読書家と言うべく、枕元にはマルクスの『資本論』、ホメロスの『オディッセイ』、セルバンテスの『ドン・キホーテ』があって、読み耽った。

ゲバラは両親にも「別れの手紙」を書いた。「もう一度私は足の下にロシナンテの肋骨を感じています。盾をたずさえて、ふたたび私は旅を始めます。」そう書いてキューバを去った。幼年時代以来の愛読書だった『ドン・キホーテ』はすでにゲバラの血肉と化して、ゲバラを励まし、ゲバラを鼓舞し、さらなる困難へとゲバラを駆り立てて止まなかった。イエスの悲劇はドン・キホーテの茶番の中に甦り、ゲバラの中にふたたび甦ったのである。自らをドン・キホーテという道化に擬することによって、イエスの悲劇を自覚的に演劇的につまりは滑稽裡に生き抜いたのである。真実は茶番によって伝わる。それが歴史の逆説である。

三　覚醒の精神

松陰もまた一個のドン・キホーテであった。もっとも若々しいもっとも清新な、ひたすらでまっしぐらな青年ドン・キホーテであった。ドン・キホーテが騎士道というものを信じたごとく、松陰もまた若くして孔孟の教えを信じた。しかもそれを単に信じ守り日常に生かすというよりはむしろ、ただちに孔子その人孟子その人になろうとしたのである。孔子を生き孟子を生きようとしたのである。

松陰は長州藩の禄高二十六石の下級武士たる杉百合之助の次男坊として生まれた。萩郊外の松本村にあって父や兄は武士としてというより以上に、その土地に根付きその土地に育まれつつ農民として生きていたと言うべく、勤勉にして実直、寡黙のうちに確乎として孔子の教えを守り、言わば、草の根の儒とでもいうものを守り育てていたのである。そのような不穏でやや急進的な草の根の儒というものがまた幼い松陰を養い育てたのであったろう。そして六歳にして叔父吉田家の養子に入る。山鹿流兵法をもって長州藩に仕える武士の家に入ったのである。十一歳始めて藩主毛利敬親侯の前で『武教全書』のご進講を試みる。まさに神童の誕生である。

以後、二十二歳までご進講は続くのである。表向きは『孫子』などの兵法のご進講であるが、その背後には父や叔父玉木文之進などの指導および自らの学び取った孔孟の教えというものを主君に向かってご進講、意見を申し述べる機会を与えられたのである。そして主君からお褒めの言葉と数々の賞美の品を賜ったというのである。このことがおそらくはその後の松陰の一生を決定づけたとも言えるだろう。自分の意見を主君に向かって敢然と申し述べることができるという信念あるいは一種の思いこみが松陰に生まれたと言ってもいいだろう。一言の下に言えば、諫言の意志あるいは諫死の精神とでもいうものがここに芽生えたのである。自分の良しとする意見を主君に申し述べてそれにより主君の逆鱗に触れて死を賜っても構わぬとする諫死の精神である。ただ、ご進講から諫言および諫死の精神へと向かうのはまだまだ先のことである。

二十二歳（嘉永四年、一八五一年）、松陰は兵学研究のため江戸に出る。佐久間象山と出会って、一挙に時代と世界に覚醒する。一挙に時代と世界の一番の先端に触れたのである。しかもこの時松陰の特異性というものがはっきりと浮かび上がる。時代と世界に覚醒したというばかりでなく、奇妙な言い方であるが、覚醒ということについて覚醒したのである。目覚めるということ、覚醒するということの重大性に気が付いたということである。自分の中の蒙、自分の中の暗い不明ないしは無知というものを啓《ひら》く、この啓蒙の意味を痛切に自覚したのである。覚醒に継ぐ覚醒、啓蒙に継ぐ啓蒙を以後自分に課したのである。覚醒への精神あるいは焦燥の精神というものが以後松陰を先へ先へと誘い駆り立てていくであろう。

そしてもう一つ松陰にあって特異なことは「私」がなくて「公」というものしかなかったということである。松陰は時代を思えばすぐさま時代と一体となり世界を思えばすぐさま世界と一体となり、時代の危機は即自分の危機であり、日本の国難は即自分の国難であり、日本人の不幸はただちに自分の不幸であり、日本の不幸不運危機難局苦痛苦難というものはただちに自分の痛みとして一体化して切歯扼腕《せっしやくわん》したのである。この時仁の魂とでもいうものが剝き身のごとく露出してきたのである。仁というものは、本書の第四章において取り上げた、清朝末期の革命家・もう一人の吉田松陰ともいうべき譚嗣同の『仁学』によれば、『易経』冒頭の言葉「元亨利貞《げんこうりてい》」の「亨《こう》」

に当たるもので、仁とは亨《とお》るつまり通るということであり、己と他の一切のものと通じ合い、自他共に一体となるということであり、宇宙の一切は「元亨《げんこう》」である、つまり「元《はじめ》に亨るまたは元《おおい》に亨る」である。一切自他なく通じ合っていること、これこそ宇宙の仁であるというのである。そして中国では病気のことを不仁といって、体の中で神経なり血液なり感覚なりがある部分において麻痺し血栓してその先に通じて行かないことだとした。とすれば仁は自他なく相手に向かってどこまでも通じて行き、隔てなく通じ合い一つとなり、同じ神経同じ血液同じ生命の流れを共有することであった。このような仁の魂というものが松陰の中でこの時忽然として甦ったのである。

そして松陰は己の覚醒の精神ないしは焦燥の精神に駆られて、わが蒙をさらに啓かんがために、藩則を犯して、東北遊歴の旅に出、水戸や仙台の儒者ないしは識者を尋ねて行くのである。このことからお咎めを受けることになって、松陰は士籍を削られ、世禄を奪われ、藩の兵法指南の職まで解かれるまでに至った。後、赦されてふたたび江戸に出る。

松陰二十四歳（嘉永六年、一八五三年）、六月、ペリーが黒船四隻を従えて浦賀に来航する。一挙に時代は沸騰する。危機到来であり、国難の始まりであり、内憂外患の発端であり、人心の動乱の発端であった。松陰もまたただちに沸騰、覚醒の精神ないしは焦燥の精神の即時的な発動であり、すぐさま、かの政治的なヴィジョネール（幻視家）たる佐久間象山をふたたび尋ね、その透徹した世界情勢分析と世界戦略に同調、敵国を知り世界を知るべく、迷うことなく、下田沖に停泊中のアメリカの黒船に向かって同志金子重輔と共に小舟をもって近づき乗船してアメリカ行きを求めるのである。却下されるやただちに下船、下田の奉行所に自首、敢然として縛に就く。

ここにはすでにかつての狭い長州藩内にあって、家族や親戚や藩校や就中主君などの庇護の下に一人の類い希な秀才として学問研究に勤しんできた、恩愛ないしは恩寵の繭はない。すでにそれは破れた。己も家族も藩校も長州藩もある意味で一個の狭い内部であり私的な庇護圏であった。それが破れて、松陰はこの時外なる現実にじかに晒されることになった。むしろ、裸形の剝き身の魂となってその現実に目覚めそこに身を晒したのである。私心ないしは私欲というものはつねに引き下がるものであり閉じ籠もるものであり狭く自他を限るものであり、己を守護し防衛する態勢であった。その私心がすでに破られたのである。松陰の中に突如目覚めたと言っていい覚醒への精神というものがそのような私心を破砕したのである。今まで家族や藩や主君と一体化して生きてきた私的一心同体を踏み越えて、一挙に己と日本との一体化を試み、その危機を己の危機とするまでに貫徹したのである。

しかもこの覚醒への精神の奥には、繰り返しになるが、一個の仁の心があった。たとえ現実には自と他というものがあり、自分とそれ以外の一切の外部の世界というものがあり、黒船来航という外夷に対する危機的な防備策を打ち立て、藩主に緊急の上書ないしは諫言を提出する（「将及私言」外四策）に至るがごとき危機的な外部意識があったとしても、やがて、外夷に対する正しい認識を得るべく下田踏海を試みるも失敗、獄に投ぜられ、幽閉の時至って、己の極端な敵愾心ないしは防衛意識なるものは本来私心ないしは我執による狭い怯懦な恐怖心に基づくものであることまでが自覚されてきたのであった。それこそ松陰の覚醒への精神によって自覚されるに至ったものである。

つまり、より深い次元にあっては、本人にさえ気づかれることなく、松陰独自の仁の心がつねに働き、他者とされる一切の外部世界に向かって己を開き、他者と繋がることを試み、相手に向かって話し掛け、自他のない、広々とした共同の世界へと共に開かれていくことを願ったのである。松陰にとって困難とは他者ないしは敵国と戦うことでもなく敵国に勝つことでもなく、自他の区別ないしは分別を突破し解き放って、自もない他もない、共なる広大な仁の世界へと統合し融合していくことであった。

ここに奇妙な文章がある。下田踏海によって罪を得て江戸の獄中にあって書いた「二十一回猛士の説」(『幽囚録』、大和書房刊『吉田松陰全集』第二巻、以下すべての引用は同『吉田松陰全集』より)という文章である。

吾れ庚寅の年(天保元年・一八三〇・八月四日)を以て杉家に生れ、已に長じて吉田家を嗣ぐ。甲寅の年(安政元年・一八五四・三月二十七日、下田踏海の日)、罪ありて獄に下る。夢に神人あり。與ふるに一刺(名刺)を以てす。(その)文に曰く、二十一回猛士と。忽ち覺む。因って思ふに、杉の字二十一の象《かたち》あり、吉田の字も亦二十一回の象あり。(杉の字を分解すると十と八と三、加えて二十一、吉は十一と口、田は十と口、数の合計二十一、口を加えて回、よって二十一回となる。)吾が名は寅(寅次郎の寅)、寅は虎に属す。虎の徳は猛なり。吾れ卑微にして孱弱《さんじゃく》、虎の猛を以て師と為すに非ずんば、いずくんぞ、士たることを得ん。吾れ生来事に臨みて猛を為せしこと、凡そ三たびなり。(無許可の東北遊歴、藩主への諫言、下田踏海)而るに或は罪を獲、或は謗りを取り、今は則ち獄に下りて復た為すこと能はず。而して猛の未だ遂げざるもの尚ほ十八回あり、其の責も亦重し。神人蓋し其の(吾れの)、日に益々孱弱、日に益々卑微、終に其の遂ぐる能はざらんことを懼る。故に天意を以て之れを啓きしのみ。然らば則ち吾れの志を蓄へ気を并《あわ》する、豈《あ》に已むことを得んや。

虎の猛をもってわが師としなかったならば、どうして士たることを全《まっと》うできようかというのである。そして己は虎の猛を試みたことは今までただの三度に過ぎず、いまだ十八回にも亘る果てもない挑戦が残っている。この幽囚の日々、そのための志気、そのための英気を養わずんばあらずと決意しているのである。

しかもこの虎の猛というものは松陰にあってはあくまで仁の心から発せられたものであり、仁と義の世界を確立するための不退転の決意に外ならなかった。松陰はどのような逆境にあっても、絶対に失望しなかった、絶対に絶望しなかった。四転び五起きであり、七転び八起きである。ひたすらにまっしぐらに己の信じたヴィジョンに向かって前のめりになって邁進して行くのである。以後、「二十一回猛士」という名称は松陰の別名であり旗印となった。ここに憂い顔の騎士たるドン・キホーテがいる。狂愚のひたすらである。愚直のまっしぐらである。

己に対するばかりでなく、いかなる他者に対しても覚醒の精神というものを自覚させ、目覚めさせ、植え付け、説き来たり説き去って已まないのである。家族にあっては父や兄たち、藩内にあっては後輩や上士や藩主たち、罪を得て、下田から江戸へ、江戸から萩へと向かう檻送の途中にあっては唐丸駕籠を担ぐ人足や役人達に向かっても道を説き国難を説き、さらには萩到着後、野山の獄にあっては同囚の者や牢役人の者達に至るまで、まさにドン・キホーテのごとく、「あいや、しばらく」と、呼びかけ、国難とその対策を訴え、そのための覚醒の精神を諄々と諭し、共に目覚めて行くことを促したのである。

四　囚人松陰、囚人に向かって『孟子』を説く

安政元年（一八五四年）、二十五歳、松陰は萩城下の野山の獄に幽閉された。以後、それは一年有余続いた。牢獄作家ないしは牢獄思想家の誕生である。ここにおいても松陰は絶対に失望しない、絶対に絶望しない。ドン・キホーテの魂は深く静かに潜行する。潜行し沈潜し呻吟する。はやる心、焦燥の心が練られ鍛えられ鍛錬されて、一個の刀身のごとき精神が誕生する。そしてその言葉ないしはその思想に深々としたいぶし銀の陰影、言わば、思想の錵《にえ》（刀身上の花影）のごときものを滲み出すに至る。つまり、獄中にあって、もはや揺るぎない仁の心が発動するに至るのである。己と囚人、囚人と獄卒、獄中と獄外との区別はすでにない。自他相通じる道を探す。自他の

境のない世界を説き出す。松陰に閉塞感はない。松陰に悲劇感はない。現状打破とその先に赫々たる未来を幻視するばかりである。入牢、ただちに、牢獄の役人ないしは藩庁の上司に向かって牢獄の惨たる状況の改善策たる「福堂策」なるものを提出して、眼前の現状打破を企図する。始めは同囚の者やがては牢役人達まで加えて、彼らを相手に『孟子』の講義を始めるに至る。さらには俳諧（「獄中俳諧」）、漢詩（「賞月雅草」）などの共同製作を始めさえする。そして彼らに現状打破と覚醒の精神を目覚めさせ、自覚させて、共に立ち上がることを促すのである。いかなる窮境、いかなる逆境にあっても、始まりがあることを、出発があることを知らしめるのである。

そして牢獄にあって取り上げた書物が『孟子』であったことは限りなく運命的であり決定的なものであった。『孟子』こそ逆境の書であり覚醒の書であったからである。そのことは松陰にとって六歳の時に叔父玉木文之進の指導の下に『孟子』を読み始めて以来、すでに熟知の事柄であった。他の四書たる『論語』も『大学』も『中庸』も平行して学んできたものであったろうが、この『孟子』こそは松陰にとってただ一冊の運命の書であり臥薪嘗胆《がしんしょうたん》の書となった。無くて叶わぬ一冊の書物となった。ちょうど前述のチェ・ゲバラがボリビアの密林でのゲリラ戦の只中にあって『ドン・キホーテ』一冊をつねに肌身離さず携行して、己を励まし鼓舞し続けたのと同じことが起こったのである。
孟子こそは中国戦国時代のドン・キホーテであった。ちょうどドン・キホーテが今や無用の長物と化した騎士道を自ら生きかつ人々に説いて回ったごとく、孟子もまた諸国の君主達、力と利と富国強兵と権謀術数のみを重んじる王侯達に向かって今や迂遠な理想と化した仁と義の道を説いて回ったからである。ここでふたたび前述のヘーゲルの言葉が思い出されてくるのである。

すべての世界史的な大事件や大人物は言わば二度現れるものである。一度目は悲劇として、二度目は茶番（ファルス）として。

孟子は言わば孔子の悲劇あるいは孔子の真実を二度目に生きたのである。つまり茶番なりファルスとして生きたのである。しかもそれが真剣でありひたすらであればあるほど、世間から王侯から茶番でありファルスのごとくに見えたばかりでなくまさに自らもファルスとして生きたのであり、そうであればこそ孔子の悲劇、孔子の真実は輝きを増したのであり、その真実の光、真実の種子は後世にまで伝承されたのである。

真実はいつの時代にあってもつねに茶番である。つねにファルスである。まして後世になればいよいよ然りである。それと後世との格差なり懸隔なりがいよいよ大きくなるが故にいよいよ茶番と見えファルスと見えてくるのである。すでに孔子でさえ前代の周王朝の創立者たる文王やその子周公の真実を伝えようとして、その真実を言わば二度目に生きたが故にどこかファルスとしてどこか道化として世間から見なされ不遇の内に終わったからである。孔子は生前「喪家の犬」（飼い主の死んだ家の犬）と言われ、遊説の途次軍隊に追われ、取り囲まれ、ついにはその理想たる仁義の道は諸侯の誰からも受け入れられずして郷里に少数の弟子達と共に帰り、前代までの文王たちの仁義の大道を集大成して後世に託したからである。仁義の大道を孔子すでにファルスとして持ち伝え、孟子またさらにファルスとして持ち伝え、そうやって、仁義の大道というものはファルスという逆説によって後世に伝えられたのである。

獄中にあって松陰の行った『孟子』の講義録は今に『講孟余話』ないしは『講孟劄《さっ》記《き》』として伝わっている。そしてここで大事なことは松陰が『孟子』を講義し註釈し教授したという事実ではなくて、その日その日の講義の後に『孟子』の文章に触発されて付け加えた松陰自体のメモないしは感想（劄記）の独自性であり、孟子の魂と深く響き合った松陰自身の無類の魂の呻吟にあり、その際ふと洩れてきた松陰の巫女的な独白の迫真にあった。それこそは何物にも代え難い魂の共感を聞く者に与えて已まないものであった。

それは獄中にあって同囚者牢役人を対象に講じられ、出獄して後、自宅に軟禁、言わば、幽室にあって、父兄や他の親族を対象として、ふたたび再開、ついに完成されたものであった。松陰二十六歳の安政二年六月十三日から翌三年の六月十三日までの一年間に亘るものであった。

大袈裟に言えば、それは日中韓の東アジア『孟子』註釈史においてきわめて特異な重要性を占めているのみでなく、きわめて特殊な時と場所に局限された中で成立したものでありながら、その共感の深さ、孟子その人を甦らせる巫女的な迫真性によって、どの時代にも通じる永遠性・普遍性を備えたものとなった。

ここでは残念ながらその内のほんの一端を紹介するばかりである。

（一）『孟子』（第一）梁恵王・上（第四章）

楽しむに天下を以てし、憂ふるに天下を以てす。然り而して王たらざる者は未だ之れあらざるなり。

松陰曰く、

今諸君と幽囚に辱《はづか》しめらるるといえども、幸いに『孟子』の書を講ずるを得、何の幸いか是れに加へん。もし天下を以て任とせんとならば（天下をわが事とし国難に処せんとならば）如何。先ず一心を正し、人倫の重きを思ひ、皇国の尊きを思ひ、夷狄《いてき》（外国）の禍を思ひ、事に就き類に触れ相共に切磋講究し、死に至る迄他念なく、片《へん》言隻語《げんせきご》も是れを離るることなくんば、たとえ幽囚に死すといえども、天下後世必ず吾が志を継ぎ成す者あらん。是れ聖人の志と學なり。其の他の栄辱窮達、毀誉得喪に至りては、命のみ天のみ。吾が顧みる所に非ざるなり。

一気呵成である。何一つ迷いはない。凝滞もない。後悔もない。同囚の者と楽しみを同じくし同囚の者と憂いを同じくする。日本の憂いをわが憂いとし、国難をわが国難とする。これこそが天下の人々の楽しみを楽しみ天下の人々の憂いを憂うることである。孟子の仁の心であり、それと一つになった松陰の仁の心である。

（二）『孟子』（第五）滕文公《とうぶんこう》・下（第一章）

志士は溝壑《こうがく》に在るを忘れず。勇士は其の元《こうべ》（頭）を喪ふを忘れず。

松陰曰く、

書を読むの要は、是れ等の語にて反復熟視すべし。志士とは志達ありて節操を守る士なり。節操を守る士は、困窮するは固《もと》より覚悟の前にて、早晩も飢餓して溝谷へ転死することを念ひて忘れず。勇士は戦場にて撃死（討ち死に）するは固より望む所なれば、早晩も首を取らるるとも顧みざることを念ひて忘れず。苟《いやしく》も士と生れたらん者は、志士勇士とならずんば恥づべきの甚しき者なり。今吾が輩、囚繋《しゅうけい》（獄中）に陥り、まさに身を終らんとす。是れ宜しく志士の節操を心掛くべし。溝壑をさへ忘れざれば、生を囹圄《れいご》（牢獄）に終るとて、少しも頓着はあるまじ。却つて本望とする所なり。此の志一たび立ちて、人に求むることなく世に願ふことなく、昂然として天地古今を一視すべし。あに愉快ならずや。

ここでも松陰は一気呵成である。何一つ迷いはない。凝滞もない。後悔もない。貫徹し、徹底し、澄徹している。煌々たる月一片である。何一つ付け加える事もない。

（三）『孟子』離婁《りろう》・下（第九章）

仲尼（孔子）は已甚《はなはだ》しきことを為さざる者なり。

松陰曰く、
孔子は聖人なれば其の大成の徳は至正至中、固より論を待たず。然れども世俗は道義を知らず、或いは孔子の行いを以て太甚《たいじん》（甚だしきもの、つまり極端）となすに至る。（中略）世俗より視る時は、道義の道は皆な太甚（極端）に非ざるはなし。有道の世は如何あらん。（有道の世はともかく）、澆季《ぎょうき》（末世）の世に於て道を行ひ義を行はば、必ず一世の人をして太甚（極端）と稱せしめん。もし又太甚の稱あるに非ずんば、決して道義に非ず、即ち流俗に同じて汙世《おせい》（汚世）に合ふもののみ。

松陰は歴史の逆説を見抜いている。孔子の仁義の道は当時の君主ないしは世俗から見れば太甚であり極端であり不可能であって、つまりは一個の茶番であると見られていたのであることを徹見したのである。末世にあっては、太甚と見なされ極端と見なされ茶番と見なされなければ、仁義の道でもなく道義の道でもないと言い切ったのである。そして己もまた太甚の道、茶番の道を行くと宣言したのである。

（四）『孟子』告子・下（第十五章）

舜（帝）は畎畝《けんぽ》（田畑）の中より發《おこ》り、傅説《ふえつ》（殷の宰相）は版築（道路工事）の間より舉げられ、膠鬲《こうかく》（殷の賢人）は魚鹽（の商人）の中より舉げられ、管夷吾（斉の宰相）は士（獄吏のこと、獄中）より舉げられ、孫叔敖《そんしゅくごう》（楚の宰相）は海（漁師）より舉げられ、百里奚《ひゃくりけい》（秦の宰相）は市（市井）より舉げらる。

故に天のまさに大任を是の人に降さんとするや、必ず先ず其の心志を苦しめ、其の筋骨を労せしめ、其の体膚を餓えしめ、其の身を空乏にし（困窮せしめ）、行いを其の為さんとする所（意図）に拂亂《ふつらん》せしむ（食い違わせる、つまり挫折させる）。心を動かし（発憤させ）性を忍び（忍耐強くさせて）、其の能くせざる所を増益せしむる（難行を成し遂げさせる）所以なり。人恒に過ちてしかる後に能く改め、心に困《くる》しみ、慮に衡《よこた》はりて（輾転反側して）、しかる後に作《おこ》り（奮起し）、色に徴《あらわ》し声に発して（苦悩が顔や声に現れて始めて）しかる後に喩《さと》る。（それと同じく国家においても）入りては（内部においては）則ち法家拂士《ほっかふっし》（君主を助ける賢臣）なく、出でては（外部においては）敵国外患なきものは国恒に亡ぶ。しかる後に憂患に生きて安楽に死するを知るなり（憂患にあってこそ生き抜くことができ、安楽にあればかならず死を招くことを知る）。

松陰曰く、
余が罪ありて江戸獄に繋がるるや、吾が師平象山（佐久間象山）も亦連逮せらる。時に余と一皈牆《はんしょう》（壁一つ）を隔てて居る。獄中四書一本あり。象山日夜孟子を誦読す。獨り此の章を取り一日必ず一誦す。（以下略）

ここで松陰は己の思いを象山に託して語っていると見てよく、おそらくは象山以上にこの章の持つ深い逆説的な救済力というものに心を打たれ、発憤し、奮起するところがあったのであろう。ここに究極の孟子というものがあり、孟子精神の究極の結晶というものが露出していることを確信したであろう。

象山がこの章を一日一誦するならば松陰は一日十誦し、象山一日十誦すれば松陰は一日百誦したことであったろう。この章あればこそ後に野山の獄において、同囚の者達と共にふたたび『孟子』を輪読しようと思い至り、取り分けこの章を反復熟読することによって、天のみ吾を知るかと、共に逆境を生き抜き、共に発憤し奮起することを決意したのであったろう。

　ここには、上記の舜を始めとする賢人たちばかりではなくて、周王朝の創立者文王の羑里《ゆうり》に囚われた幽囚の悲劇があり、孔子の不遇の悲劇があり、そして今また孟子の遊説《ゆうぜい》の徒労の悲劇があった。

　真実は悲劇を通して伝わる。悲劇を通してしか光を発しない。そして真実はつねに現実に挫折する。仁と義の真実は現実につねに裏切られ、現実から見れば茶番でしかない。道化の所業でしかない。であればこそ真実は現実に汚れることなく永遠の次世代に伝えられていくのである。

　文章はここより発しなければ文章ではない。文学はここより発しなければ文学ではない。

　天のまさに大任をその人に下さんとするや、かならず先ずその心志を苦しめるというのである。天はその努力をつねに挫折させるというのである。そして挫折、窮乏、逆境、不遇によってのみ大業は完成されるというのである。長き呻吟懊悩によって始めて覚醒はやってくるというのである。天下に賢臣なく敵国外患なくんば国は亡ぶというのである。そして最後に憂患の中に生きてこそ生きるに値し、安楽に生きるは生きるに値せずと言い切ったのである。

『孟子』一巻はつねに乱世に甦る。乱世の逆境と窮乏と憂患の人の中に甦る。ちょうどあのチェ・ゲバラが密林の中を『ドン・キホーテ』一巻を携えて突き進んだごとく、松陰は安楽に死することを拒んで、憂患の中に生きるべく、幕末の乱世を『孟子』一巻を携えて、走り抜けるのである。「敵国外患なくんば国は亡ぶ」とする逆説を逆手に取って、襲来する敵国外患を真っ向から受け止め、覚醒し、奮起し、国難をこそ歓迎するのである。幕末のドン・キホーテである。長州のチェ・ゲバラである。不退転である。背水の陣である。絶対に失望しない。絶対に絶望しない。出発があるばかりである。始まりがあるばかりである。

五　仁の人松陰、仁の家に生まる

松陰は仁の人であった。しかも極端なまでに仁の人、言うなれば、極仁の人であった。しかもそのことは生涯に亘って変わらず、むしろ、年を重ねるに従っていよいよ加速度を増して過激化した。それは孟子の一言「至誠にして動かざるものはいまだこれあらざる也」に極まる松陰にとって止むに止まれぬ根源の衝動であった。至誠とは、言い換えれば、至仁であり極仁である。天の働きそのものである。至誠をもって対すれば、どのような人どのような物ですら動かされないものはなく、通じ合わないものはなく、人間一人一人の弱さから来る恐怖心などによって身に付けざるを得なかったあらゆる防衛機能あらゆる我執機能を打ち払い取り払って、同じ大きな宇宙の働き、同じ大きな光の働きと一つになって、生き出し光り出さないものはないとする、果てもない、開かれた、一種の呼びかけの宇宙哲学とでもいうものであった。

光はどのような物どのような人をも貫き、どのような障害どのような遮蔽物をも打ち貫いて相手の内奥に届いていく。宇宙のどのような存在も光に応じる。それが本来光の性質を帯び、光と同質のものだからだ。

光のそのような働きは、より人間的に言うならば、至誠というものであり至仁というものに外ならなかった。光は貫く。徹する。通る。通じる。光は障害、防壁を打ち払い、恐怖心に基づくあらゆる防衛機能、我執機能を取り払う。どのような闇も光が届くならば一瞬にして明るくなるのである。

至誠とは光であり至光である。至光によって貫かれないものはいまだあらざるなりである。すべては光の子であるからである。

松陰はそれを信じた。それを生きた。あらゆる恐怖心、敵愾心、防衛心、区別心、差別心、不信、不仁の渦巻く人間社会にあって、それを取り払って、共に、同じ大きな光の世界へと抜け出ようと切歯扼腕した。

松陰は光の子であった。そしてすべてのものが光の子であることを信じた。であればこそ「至誠にして動かざるものはいまだこれあらざる也」という孟子の一言を信じることができたのである。しかしそれは不信と不仁の世俗社会にあっては悲劇の信条であると同時にファルスの信条でもあった。

では、どうしてそのような光の子仁の子たる松陰は生まれたのであろうか。一言の下に言ってしまえば、仁の家に生まれたからである。

松陰の父は杉百合之助と言った。次弟に吉田家を継いだ吉田大助、末弟に玉木家を継いだ玉木文之進がいた。百合之助は家禄二十六石の下級武士であり、父七兵衛の死後、その借財を背負い、倒れて寝たままの母を養い、さらには身を寄せた病身の叔母（母の妹）とその子を引き受け、なおかつ、弟妹たちを養っていかねばならなかった。藩庁に出ては勤めを果たし、退いては、畑を耕し、米をつき、縄を綯《な》い、すべての家族の面倒を見た。百合之助は忍苦の人であった。しかもその忍苦を己の道とする人であった。それ以外に生きようのない道として忍苦をすべて引き受けたのである。目の前に苦しんでいる人達がいたのである。即刻それを何とかしなければならなかった。そこには身を捨てて仁を為すとするがごとき孔子の心が息づいていたのかも知れない。であれば、やがて忍苦の道は仁の道へと開かれていくはずのものであった。

大きな心は己の中の小さな心を何個も何個もあるいは何度も何度も打ち捨て打ち砕いて行く果てに生まれて来るものであった。それは外からは見えない。それは透明な涙から作られている。百合之助はそのような大きな心の持ち主であった。であればこそ、その心の中に何人もの苦しんでいる人達、苦しんでいる家族を抱え込むことができたのである。

大きな心は仁である。仁心である。多量の涙である。人の涙を己の涙とすることである。分け隔てなく涙を共にすることである。痛苦を共にすることである。しかも痛苦はどこにもないとすることである。痛苦は闇の意識である。光に会えば消えるのである。光とは仁である。果てもない大きな心である。しかもそれは何度も泣いてみなければ分からない。泣くとは小さな心が崩れることである。己の狭い我執というものが崩れることである。それが崩れるたびに涙が澎湃として流れ出、泣き崩れるのである。しかしそのたびに人間は大きくなっていくのである。小さな心は大きな心へと崩れ果てなければならない。忍苦も痛苦も果てもない大きな仁の道へと崩れ果てなければばならない。

百合之助はそれを知っていたに違いない。それを日々生き抜いていたに違いない。であれば、やがては忍苦の人から仁愛の人へと抜け出ていったに違いない。

とは言え、百合之助にも夢もあり志もあった。当時の武士の為すべき学問修行すなわち孔子の道をもっと究めようとし、藩の歴史、さらには日本の歴史を究めようとする夢があった。しかしそれは弟たちに譲らなければならなかった。次弟大助は吉田家を継いでその家学山鹿流兵学を専一に究める道に進み、末弟文之進は孔子の学問を専一に究める道に進むことになった。自分はただ、藩庁からの帰り道、月を見上げつつ、孔子の言葉を口ずさみ、家に帰っては、米をつきつつ、踏み台の上に立ち、目の前の棚の書見台に置かれた書物を読み、夜遅く、囲炉裏の傍ら縄を綯いつつ、床の書見台の書物を読んだのである。

百合之助にとって、学問は即生活であり、生活は即学問であった。そして百合之助にとって、学問は仁の道に外ならず、仁の道を究め仁の道を生きることに外ならなかった。

そのことは同じ藩士児玉家よりその養女瀧を妻に娶り、子供達を抱え、養い、育てていくことになったとしても、すこしも変わりはなかった。むしろ、艱難、困苦が増したたけに、余計徹底化され純粋化されていったであろう。ただ妻の瀧が天性朗らかな女性であり、学問好きの人を好み、物に拘らない、融通無碍なところがあり、聡明でありながら、狂歌川柳を好み、駄洒落さえ厭わない、生活の苦労を物ともしないどころか、苦労さえ面白がるような女性だったから、杉家は貧窮と困苦の中にありながら、きわめて明るいものになった。

長男梅太郎が生まれ、次男寅次郎が生まれ、次いで、長女千代が生まれ、やや離れて、さらに一男三女が生まれて、杉家は賑やかさを増した。中でも、長男次男の梅太郎寅次郎は二つ違いの兄弟であって、言わば、双子の兄弟のごとく、父母も兄弟自体もそう思い、つねに同じ事をさせ、同じ事をしたのである。兄弟にとって、すでに、兄は六歳、弟は四歳の頃から、父の居る畑、父の居る米つき場が教えを学ぶ教室となった。先生は父であった。畑に出ては、二人畑の端の畦《あぜ》に並んで坐り、目の前の畝《うね》を耕す父の唱える『論語』の一節を繰り返していく。間違えればもう一度繰り返す。それは畝を耕し終わるまで続く。雨の日も風の日も変わらない。家に帰れば、米つき場に入り、父が台の上に上がって、米をつく中、『孟子』の一節を唱える後に付いて、それを二人して繰り返していくのである。それは何年も続き、そうやって四書を読み終え、やがては安芸の文人頼山陽の『日本外史』さらには同じ安芸の詩人菅茶山の詩にまで及んだと言う。

やがて寅次郎が六歳にして叔父吉田大助の養子となり、叔父の死と共に、毛利藩の山鹿流兵学の師範という家督を嗣ぐことになった。すでに藩校明倫館の教授である。山鹿素行の『武教全書』の研究、さらには『孫子』や『六韜三略《りくとう》』などの兵学書の研鑽まで寅次郎は引き受けなければならなくなった。ここに、その後見人として、叔父大助の門下生ばかりでなく叔父玉木文之進が登場することになるのである。文之進はある時期まで杉家に同居、玉木家を名乗った後も、近くに居を構え、そこで松下村塾を創始した人であり、ある意味で、寅次郎こそはその初めての塾生であった。父百合之助その弟文之進は寅次郎を寅次郎たらしめ、仁と義というものを骨の髄まで叩き込んだ二人の最大の師であった。父百合之助はより多く「仁」を、文之進はより多く「義」を叩き込んだと言っていい。文之進の寅次郎に対する教え方は徹底していて、七歳から十八歳頃まで、学問のことだけではなく、その一挙手一投足にまで及び、書物から目をそらしたと言っては殴られ、額の汗を拭ったといっては殴られ、足蹴にされ、逃げ出したところをさらに引き据えて、殴り続けたという。学びの場所では一切の私情、一切の子供心、一切の気の緩みを許さず、侍としての、人間としての義（為すべきを為す）というものをいついかなる時にでも身に付けていかなければならぬことを叩き込んだのである。二人の兄百合之助と大助の意を体して、寅次郎に叔父大助の後を継いで毛利藩での兵学指南役としての力量と精神を鍛え上げることに命を賭けたのである。「百術は一清にしかず」を生涯に亘る座右の銘とし、印にまで彫った人である。後に代官となって、地方の民政家として名を成したが、事に当たって、あらゆる打算あらゆる方策あらゆる計らいはいらぬ、それら一切を振り払って、わが魂の一清に従うのみとしたのである。そこには人間としての理想をどこまでも追究しそれに向かって突き進んで行く孔子極北の精神とでもいうべきあの狂の精神というものがあったであろう。であればこそ、後に明治六年萩の乱を起こしたわが門人前原一誠及びわが養子正誼《まさよし》（いずれも斬首）に対する責任を取って、杉家の墓所の前で皺腹をかっ切って死んだのである。介錯（その首を刎ねる）は松陰の妹千代（後の芳子）が行ったという。

おそらく文之進のこの狂の精神というものは寅次郎（後の松陰）にも前原一誠にも後の門人であり縁戚の子である乃木希典将軍（養子正誼の兄）にも色濃く伝わっていたのであったろう。

古拙無限に慕わしきこの人物、壮絶とも清冽とも言うべき人生を生きた玉木文之進という日本史上空前絶後の人物はつねに松陰の背後にあって隠然たる光芒を放って輝き続けている。日本の古刀には、鞘を払って、刃《やいば》を空中に晒すと、その背に沿って淡い朧な花びらのごとき模様が匂い立つことがあって、それを古来錵《にえ》と言ったという。玉木文之進という人物はそのような古刀の錵を彷彿とさせる、言わば、精神の錵を湛えた人物であった。

ここで一言付け加えておくならば、百合之助三兄弟には儒道によって心身を鍛えてきたとしても、それ以前にすでに尊皇の精神というものが血肉化されていたことである。由来毛利家はその先祖を溯ると、平安時代の公家にして大学者（時の天皇の学問の師とされる）大江匡房《おおえのまさふさ》に発し、代々朝廷に仕えた家系であり、爾来、絶えることなく朝廷との結びつきは濃く、藩祖毛利元就は困窮只ならぬ朝廷に数千貫もの供御料《くごりょう》を献納したとも言われ、そのために以後朝廷より大膳太夫《だいぜんのだいぶ》という役職を賜った。毛利藩のすべての藩士にとって、毛利家を敬い毛利家に忠誠を尽くすことはすなわち天皇を敬い天皇に忠誠を尽くすことに外ならなかった。それに加えて、毛利藩は関ヶ原の戦い以降、徳川幕府によって、大幅に領地を奪われ削減されて、現在の山口県ほどの領地に押し込められることになったことが藩主を始めとしてすべての藩士すべての藩民にとって一個の深い長い怨念となって心底に蟠り生き続けたのである。それが幕末に至って沸々と間歇泉のごとく藩士の間に吹き出し始めたのである。

父百合之助は文政十年の詔勅（朝廷より徳川家斉を太政大臣に任じるという詔勅）に対して強い不満を抱いたばかりでなく、その詔勅を将軍の居間において使者より坐して受けたという朝廷軽侮の不遜に切歯扼腕したのである。野良着を裃《かみしも》に着替え、奥座敷に一人正身端座、東の方朝廷に向かい遙拝しつつ、声を殺して泣き続けたという。その次弟大助は臨終の床にあって長兄百合之助に向かって、寅次郎をわが養子に請うと同時に、寅次郎にと遺書にも等しい一冊の自著を長兄に渡したとされるが、その自著『王覇の弁』の中に尊皇という言葉と共に倒幕というまだその頃は発想さえされることのなかった過激な一文字が書き付けられ、尊皇倒幕の遺志を秘かに後の寅次郎に伝えたという。

寅次郎には一人の兄がいた。二つ違いの梅太郎である。ほとんど二卵性の双子と言ってもいいほどの、仲睦まじい兄弟で、いついかなる時でも一緒であり、学ぶも遊ぶも一緒であった。兄思いの寅次郎であり弟思いの梅太郎であった。むしろ弟思いの梅太郎という方が際立っていたであろう。ちょうど父百合之助とその末弟文之進との間柄にも似て、兄梅太郎はより多く父百合之助の仁と忍苦の心を受け継ぎ、弟寅次郎はより多く文之進の義と狂の心を受け継いだところがあった。兄は弟のすべてを受け入れ、弟のあの人間としての理想をどこまでも追い求め、どこまでもそれに向かって猪突猛進し、身を捨てて仁を為し義を為す底の狂の精神をも受け入れて（兄は弟のその狂の精神を避けもせず否定もしないどころか、むしろそれがわが心にないことを責めるがごとく、あるいは、それをわが理想の半身のごとく、悲痛に受容して生きたのであり）、弟が藩の旅行手形を受け取るのを待たず連れ立つ友との約束を重んじて、藩則を犯して、東北旅行を敢行した時に、一度ならず二度にも亘ってその路銀を工面してやった。そしてまた下田踏海の試みが挫折して江戸獄に幽閉された時、さらには、後に、郷里の野山獄に一年有余幽閉された時にも、あらゆる支援と工面を引き受けた。藩庁からの帰る途次、つねに獄と家の間を往来しては、弟の請うままに、衣服、調度の類い、別けても、弟の読みたいと願うあらゆる書物を自ら工面しあるいは藩校明倫館なり友人知人なりから借用しては、獄舎の弟のところへ届けたのであり、その時、兄は弟に対して「漢の武帝の時に友人の冤罪を訴えて逆に宮刑に遭い、生涯を幽囚の内にあって、中国最初にして最大の歴史書たる『史記』を完成させた司馬遷になれ」と励ましたばかりでなく、家族や弟の友人知人からの消息や言付けを伝えたのである。後に、出獄、言わば、自宅監禁、保護監察の軟禁の生活（家から一歩も外に出ることを禁じられ、一切の友人知人とも面会謝絶の生活）を何年も続ける中にあって、今まで、弟が獄内にあって獄役人や囚人たちのために続けられ、いまだ完成されることのなかった『講孟劄記《さっき》』というものを、父と計らい、家族たち数人の前で再開することを計画して完成させた。その後、三十にして短命な一生を生きた弟のために、その斬首の時まで、そのあらゆる艱難あらゆる窮境を、わが理想の半身の艱難として、わが悲痛な半身の窮境として、無言の裡に受容し拝受して行ったのである。

上述のごとく、歴史上、偉大な人物は一度目は悲劇として二度目は茶番ないしはファルスとして現れるという言葉を引用したが、兄梅太郎は弟寅次郎の悲劇を、世俗的に見ればすべてファルスでしかなかったにもかかわらず、そして自分もまたそれをあくまで認識しながらも、弟の塵埃のごときファルス的な要素をたえず払い除けて、どこまでもそれを一個の悲劇として、類い希な奇蹟の悲劇として、琥珀の中に封じ込まれた虹のごとく、守護し、捧持したのである。世にはそのような稀な兄弟愛のごときものが例外的に現れることがあるようである。たとえば、ゴッホとその弟テオのごとき、あるいは宮沢賢治とその弟清六のごとき、奇蹟の兄弟愛というものがここにも感じられてならないのである。

松陰の悲劇的な志を正しく認識していたのは父百合之助や兄梅太郎ばかりではなく、母お瀧や妹お芳や文もまた同じであった。母親は松陰死んではるか後に、その孫たち（兄梅太郎の子供たち）に向かって、「松陰叔父を見習うのですよ」という意味のことをよく口にしたという。世俗的に見れば天下の罪人であるにもかかわらず、その人を見習えとは、母にして、わが子松陰の悲劇の本質を、その悲志悲願というものの内実を、過たず見届け、正しく見抜いていたからこその発言であったろう。また妹お芳は叔父文之進の切腹の時にその介錯を務めたほどの女性であったが、後に、松陰のことを人に聞かれた時に、最後に、「肉親の情としては、兄が幕府の調べのあつた時に、尋常の答だけでおきましたならば、よし罪になるに致しましても、まづ遠島位であろうとは皆様もお考えになつて居られたそうで御座いますのに、ああいふ気質の人ですから、何も彼も怯《お》めず臆せず、考えて居る事をきつぱり申し立てました為に、終に殺されて仕舞ひました。（中略）併しいふべきことを、きつぱり申し立てた処が、兄の兄たる処であろうと存じます。」

松陰の家族とはかくのごとき家族であり、そのような仁の家からこそ仁義の極北たるあの狂の精神を貫徹して果てた松陰というものが生まれたのであったろう。

六　牢獄詩人にして獄中の思想家

安政元年三月二十七日、下田沖黒船に乗船、渡航を試みるも果たさず、自首して縛に付き、江戸伝馬町の獄に下り、同年十月二十四日、萩城下の野山獄に幽閉された。その時松陰二十五歳。安政二年十二月十五日、野山の獄より釈放、杉家に幽閉の身となった。その時松陰二十七歳。以後、安政五年十二月二十六日、藩政府に対しての度重なる過激な上書のために、再度野山の獄に投獄された。それが松陰二十九歳の時である。家庭幽閉の期間はおよそ三年に及んだことになる。そして再度の在獄六ヶ月、翌安政六年五月二十五日、萩を出発、幕府の命により野山の獄を出でて、江戸の伝馬町の獄に入った。同年十月二十七日の午前十時、伝馬町にて斬首された。享年三十歳であった。

これが二十一回猛士を名乗る松陰の神速のごとき生涯であった。嘉永四年十二月（二十二歳）藩命を犯して東北遊歴を敢行、翌嘉永五年罪を得て、萩に帰国、「亡命の罪を以て士籍（武士の身分）を削り、世禄（吉田家五十六石）を奪われ、実父百合之助の育《はぐく》み（保護監察身分）」となるのが同年十二月九日（松陰二十三歳）であって、その時から数えれば、晩年の八年間は獄中か自宅かを問わずほとんど幽閉の連続期間であったと言っていい。

松陰は牢獄作家であり獄中思想家であったと前に述べた所以である。

その幽閉期間に亘って書かれた一切の草稿、特に『野山獄文稿』、『丙辰幽室文稿』、

『丁巳幽室文稿』、『戊午幽室文稿』、『己未文稿』などの、手記・雑録・書簡・詩・自筆銘等を含んだあらゆる文書群は、幽閉という異常な環境下に置かれた人間の沸騰し狂熱し沈潜し飛翔し詠嘆し徹見する悲痛なる想像力の極限の羽ばたきを後世に伝えたものとして、ほとんど奇跡的なヒューマン・ドキュメント（人間記録）であると考えてもいいだろう。

その中から何編か選んで読んでみることにする。

松陰は獄中にあって詠史というジャンルの詩をよく作った。文字通りには、歴史を詠うというジャンルであるが、一般に、そして松陰においては、特に、中国の歴史上悲劇的な一生を送った人物への詠嘆であり追慕であり共感を詩に詠ったものである。すでにそれは『文選』にも集録されていて、魏晋の間に生きた嵆康《けいこう》を始めとする反骨の竹林の七賢人たちへのオマージュ（讃歌）から始まったのである。つねに後世の危機の時代の詩であり、言わば、危機詩とでも言うべき独自な詩であった。孔子が弟子と共に衛の軍隊に囲まれ、進退窮まり、弟子子路が「我々君子がどうしてこのように攻められるのか」と孔子に問い質した時に、一言「君子固《もと》より窮す」と言って、琴を弾き続けたと伝えられているのであるが、君子を仁と義という理想をどこまでも追究し実現しようとする人間と言い換えるならば、そのような人間にとって「固より窮す」とする固窮の道は当然の避けて通ることのできない、わが運命の道であると孔子は言い切ったのである。詠史とはそのような固窮の人への詠嘆と追慕と共感を詠ったものであり、言うなれば、固窮詩とでも言うべき性質のものであった。君子固窮というものが悲劇であるとすれば悲劇詩であり、ファルスであるとすれば、ファルス詩でもあった。

松陰はまさに君子固窮の人であった。そして自らを悲劇の人にしてファルスの人であるとも自覚していたから、詠史ほど親しい詩のジャンルはなかった。松陰にとって詠史とは獄中詩であり固窮詩であり孤絶詩であり深淵詩であった。悲劇的な、ファルスにまで至るほどの悲劇的な人物を思い、その人と一体となって始めて、わが窮境、わが固窮を、一個暗い光芒の域たらしめることができたのである。

二十一回未焚稿（二十一回猛士すなわち松陰のいまだ火に投じない詩稿）

詠史八首（『靖獻遺言』を読むに因りて作る）

（松陰は、安政元年の末、野山獄に下って後、獄中にあって『靖獻遺言《せいけんいげん》』を読み、その感動及び感激を詩に詠った。『靖獻遺言』は江戸時代初期京都の過激なる朱子学者山崎闇斎の門下浅見絅斎《けいさい》の著述であって、中国の歴史上忠節を尽くして悲劇の死を遂げた八人の人物の言行録を取り上げて論賛を加えた書物であり、幕末の志士によく読まれた書とされるが、松陰はその筆頭に位する人であるばかりかむしろその火付け役でもあったろう。屈原、諸葛孔明、陶淵明、顔真卿、文天祥、謝枋得、劉因、方孝孺の八名である。ここではその最後を飾る方孝孺《ほうこうじゅ》を詠った詠史のみを取り上げることにする。方孝孺は明の大儒、字は希直。恵帝の時仕えて侍講となった。後、燕王朱棣《しゅてい》（後の永楽帝）に攻められて恵帝は自焚し、方孝孺、捕らえられて、登極（永楽帝即位）の詔書の作成を命じられたが拒否、惨殺された。その時のことを『靖献遺言』には「孝孺、聚賢門外にて磔にされる。刑吏、刀をもってその口の両脇を裂いて耳にまで至る。これに拷問を加えること七日、絶息するまで孝孺の罵声止まず」とある。親族友人千余人が連座して処刑されたという。）

方孝孺

燕逆（永楽帝）の誅より惨なるはなく、
希直（方孝孺）の節より烈なるはなし。
坐して死す、千余の人、
親旧（親族旧友）ことごとく時傑（時の英傑）たり。

慰諭すれども詔（書）を草せず、
哭罵《こくば》してその舌を割《さ》かる。
公の文（孝孺の文章）、時に禁ありしも（禁書とされたが）、
極天（永遠に）滅すべからず。
永楽（帝）、大全（五経大全、四書大全、性理大全）を纂するも、
精金（孝孺の文章）、鉱鉄（屑鉄のごとき永楽帝の大全）に映ず。
正学（正学先生、孝孺のこと）死せりといえども、
（その）種子いまだかつて絶えず。

永楽帝の誅殺より残虐なるはなく、孝孺の節より壮烈なるはなしとし、永楽は大全を編纂するも、そのすべては精金のごとき孝孺の文に比すれば、屑鉄のごときものであるとして、最後に、正学（先生）死せりといえども種子いまだかつて絶えずと言い切った。方孝孺、正学先生の悲魂の種子は、この野山の獄の闇黒にあって、千年蓮のごとく、松陰の中に甦ったのである。

なお、松陰のこの詠史八編は、その友默霖《もくりん》によって「義卿（松陰のこと）、他人の口を仮りて、自己の意を発するもの」と評され、あるいは、その友口羽《くちば》杷山《はざん》によって

「調べは古にして音は壮、直に漢魏（の古詩）に逼る」と評された。

（ここで蛇足を付け加えておくならば、恵帝と永楽帝の歴史的な簒奪交代劇を中心にして方孝孺のこの悲劇を描いたのが幸田露伴の『運命』である。）

安政二年、獄中にあって作った、もう一つの「詠史」の最後の詩を挙げておくことにする。

范粲《はんさん》

魏臣あえて晋の方輿《ほうよ》（土地）を踏まんや、
三十六年一車に寝ぬ。
簒奪の寰區《かんく》（簒奪者の土地にあって）、節義稀なり、
不言の范粲、誰あってか如《し》かん。

（不言の范粲、この人に優る者なし。）

（注によれば、魏王朝が武将司馬氏によって滅ばされるや、魏臣范粲、魏に殉じて、司馬氏の晋王朝に仕えず、佯狂（狂を装って）不言、居所が晋王朝の地であるが故に、車に寝て、足、地を踏まず、不言三十六年、年八十四、車上に死す、とある。）

このようなほとんどファルスに至るまで悲劇的な人物というものは、獄中に沈潜して始めて見えてくる人間像であり、獄中でなければ共感することも共鳴することも叶わない人物であって、そういう人物を選んで顕彰、讃嘆するということは、松陰のきわめて不可思議な、ある意味では神秘的にして狂熱的な直感力を感じさせるものである。魏王朝がその筆頭の重臣である司馬氏によって簒奪され滅ばされ、魏王朝に仕えたほとんどの家臣たちが踵を返すがごとく、晋王朝に寝返り、裏切った中で、一人、范粲、晋王朝の地を踏まずとして、常住坐臥、車に乗り、車に寝て、車上生活、眼前目にする人はすべて裏切り者であるが故に、三十六年、口、物を言わず、佯狂不言、ついに車の上で死んだというのである。

范粲は魏王朝に殉じた竹林の七賢人に近い存在だったが、むしろ、それさえ越えて、果敢無惨、一個の街衢《がいく》の一狂人として生き切った人である。松陰は賢人嫌いである。賢人として生涯を全うするような生き方を拒んだ人である。竹林に隠れて酒を飲み詩を詠み世を慷慨する竹林の七賢人さえ拒んで、一人車に乗って寝て、佯狂不言、出会う人ごとに、白眼を以て対する、街衢の一狂人をこそ良しとしたのである。松陰は孔子の愛弟子にして隠君子然とした顔回よりはむしろ、暴虎馮河《ぼうこひょうが》（虎を手で打ち、大河を徒歩で渡る）、猪突猛進の狂の人、同じ孔子の弟子たる子路を好んだ。中国日本の儒教史にあってこのような選別を敢えてしたのは松陰一人だけであろう。

松陰は獄中にあって、不運不遇に屈することなく、暴虎馮河の爪を磨き、猪突猛進の刃を研いだのである。賢を選ばず狂を選んだのである。賢はより多く無為に傾き、狂はより多く決行を選ぶからである。賢は坐ることを好み、狂は立ち上がることを好むのである。獄中にあって、一切の自由、一切の行為、一切の発言を許されない中、もはやそれしかない狂気の想像力をもって立ち上がり、幕末日本の国難に歯ぎしりし、誰にも聞こえない獅子吼《ししく》を吼《ほ》えたのである。獄中にあって松陰は飛耳長目《ひじちょうもく》（遠方の事を見聞きする耳目）と化した。

最後にもう一詩引用しておこう。詠史ではないが、「獄舎吟稿」（安政二年）の中のものである。

獄中作

世路悠々たり幾険夷《いくけんい》、
功名身と宜しからざるを笑う。
沮洳《しょじょ》（ぬかるみの地、牢獄）は楽国、吾れ滋々《ますます》信ず、
囹圄《れいご》（牢獄）は福堂、人未だ知らず。

猛虎はもと穴に居るの日多し、
死灰何ぞまた燃ゆるの時あらん。
疇嚢《ちゅうのう》（昔）の豪気誰に向かってか説かん、
聞き尽くす庭叢の蟲語《ちゅうご》悲しきを。

（人生悠々、艱難また艱難。功名（成功と名声）何するものぞ。宋の忠臣文天祥は宋王朝滅んで元に捕らわれ、元に仕えるのを拒んで、獄中に絶食、「牢獄はわが安楽国」と「正気《せいき》の歌」を詠い、後、処刑場にて惨殺された。私もまた同じ獄中に居て文天祥その人をいよいよ信じるばかりである。文天祥と共にあれば牢獄もまた福堂であり、そのことを知るものは世に誰も居ない。猛虎は本来穴に伏しているものである。漢王朝の忠臣韓安国が讒言に遭って下獄、獄吏に辱められた時、「死灰独りまた燃えざらんや」（死灰また燃え上がるの時がなかろうか）と言って、出獄後、漢王朝を建て直した。私もまた同じ獄中の死灰であるが、死灰また忽然として甦るの時が来るであろうか。かつてのわが豪気を誰に向かってか説こう。牢獄の外の庭叢に秋の虫がりいりいと悲しく鳴き続けているばかりである。）

猛虎が穴に伏して鬱々として虫の音を聞いているのである。文天祥・韓安国を思いつつ、獄室に端座、不退転の豪毅を養っているのである。猛虎松陰にもまたこのような日々があった。死灰にこそ火は潜んでいるのである。死灰からこそ火の鳥は飛び立つのである。松陰に終わりはない。土壇場にあって土壇場はない。つねに甦りがあるばかりである。つねに始まりがあるばかりである。松陰は果てもない想像力の人である。想像力があれば人間は滅びない。想像力ははみ出る。溢れ出る。突破する。照破する。限界の彼方、死の彼方に、果てもない悲願を思い描くのである。果てもない夢幻を思い描くのである。

松陰は夢を見る。不仁の館にあって至仁の夢を見るのである。

七　松下村塾の始まり

安政二年（二十六歳）十二月十五日、野山獄を出て、杉家に帰り、自宅幽閉の身となった。在獄およそ一年二ヶ月であった。以後、安政五年十二月二十六日ふたたび野山獄に入獄するまで、およそ三年の間自宅幽閉は続くのである。すでに吉田家の身分と家禄五十六石は奪われ、父百合之助の保護監察の身分となって、浪人の身を自宅に寄せることになる。一歩も外に出ることは許されず、一切の人との面接面会も許されることのない幽閉の身となった。

ここで父と兄は松陰のために一計を案じる。在獄中同囚の者や獄役人相手に続けられていた『孟子』講義を自宅幽室にあって松陰に続けさせようとしたのである。聞く者は父と兄と叔父久保五郎左衛門と親戚隣人の子弟数人であった。それはおよそ六ヶ月に亘って続けられ、安政三年六月十三日に終了し、後に『講孟劄記《さっき》』（後の『講孟余話』）として纏められた。その内容は前に述べたので省略するが、この幽室での講義から後の松下村塾というものが生まれ出たのである。

幽室での『孟子』講義の折、松陰は次のごときことを語り出す。

（安政三年三月二十五日、『講孟劄記』告子上・第九章）

余この頃一母鶏《めんどり》をして七箇の卵を育せしむ。初めて伏してより、今すでに十五六日、大抵両日間一度栖《す》（巣のこと）を出でて、水すこし飲み、米粒すこし食ふのみ。その他昼夜となく、いまだかつてすこしも放過（卵を放置）せず。その専精（一意専心）かくの如し。余かならず其の（雛の）生ずることあるを期す。士太夫、道に志し、誠によく伏鶏の卵を育するが如きを得ば、また何ぞその生ずることなきを憂えん。余、幽囚以来絶えて外事あることなし。一食一飲の外、ただ読書作文を以て命とす。自ら思えらく、伏鶏に愧づることなし、以て（新しき命の）生ずることあるを期すべしと。
（自注によれば、後、七卵中六卵、雛に孵り、日々成長すとあり、吾れ鶏に対するごとに省察奮励せざるはなしと記している。）

ここに松陰の類い稀なる仁の心というものを見る。鶏との生命共感である。仁とは生命共感であるからである。伏鶏愧づることなし、以て生ずることあるを期すべしとする生命共感をもって、傍らに集まり出す少年子弟たちの中から、新しき命を孵《かえ》し、育てることを始めるのである。松下村塾は伏鶏の専精、母鶏の仁心から始まったのである。

安政三年五月十四日の（幽室での）『孟子』講義の項に、その日松陰の講義を聴いた人の名前が記されている。高洲瀧之允《たきのじょう》（松陰の従弟）、年二十二、佐々木梅三郎（隣家の子）、年十七、玉木彦介（叔父文之進の子）、年十六とあって、時に松陰は二十七歳であった。これら年下の少年たち、言わば、三個の卵を、自ら、伏鶏となって、かき抱き、暖め、育し、孵化して、その中から新しき命、新しき仁の心を生み出そうと、専精一途、努力を開始したのである。学問とは孵化行為である。自らの中から、少年達の中から、本然の命、本然の仁心を孵化する行為であった。しかも松陰は熱烈なる伏鶏であり、狂熱たる孵化行為者であった。自分を叱咤激励する同じ熱烈さ同じ狂熱さをもって、少年達を叱咤激励したのである。

叔父玉木文之進の始めた松下村塾を、松陰は、やがて、引き継ぐことになったが、そこは若々しい生命共感の場であり、類い稀なる仁心の孵化道場であった。

そこから後に高杉晋作、久坂玄瑞、桂小五郎（この人のみ、より多く藩校明倫館にて）、品川弥二郎、佐世八十郎（後の前原一誠）、入江杉蔵、野村和作、伊藤利助（後の伊藤博文）、山縣小輔（後の山縣有朋）その他多数のものが輩出した。しかもそこにあって、松陰は師として振る舞うよりもむしろ同志として同憂の士として互いに切磋琢磨したのである。始めは『孟子』、次に山鹿素行の『武教全書』を講義したが、後には、少年一人一人の個性に応じて、異なった書物を与え、共に読み合い、議論した。中でも、講義、読み合いの後に、松陰はかならず一種不可思議な魂の告白のごときもの、仁の道、義の道の今まさに滅びんとするのを目の当たりにするがごとき悲痛なる預言者の激白を行うのを常としたごとくである。

『孟子』講義の終講に当たって、上記少年たちに向かって次の如き大文章を語り出すのである。

孟子、戦国の時に生まれ、その道、ついに流俗汚世に合わず、この茫々たる宇宙、堯舜湯文（湯王文王）孔子の道、地を払ってまた存するものあることなし。わずかに孟子の一身に存す。孟子の任、至重至大、かならず気力雄健（狂者）、性質堅忍（狷者）の士を得て、その盛業を羽翼（補佐）するにあらずんば、何ぞその任を負荷する（担う）ことをえんや。これをもって孟子の狂者を重んじ、狷者これに継ぎ、郷原者（偽善者、体制派）を悪むの心事を忖度《そんたく》（推量）すべし。孔子といえどもまた同じ。そもそも余は大罪の余り、永く世の棄物となる。しかれどもこの道を負荷して（担って）天下後世に伝えんと欲するに至りては、あえて辞せざる処なり。この時に当たりて中道（中庸、理想の生き方）の士のにわかに得べからざるは古今一なり。故にこの道を興すには、狂者にあらざれば興すことあたわず。この道を守るには狷者にあらざれば守ることあたわず。すなわちその狂狷を渇望すること、またあに孔孟と異ならんや。

孔子において、狂者とは理想または仁義の道に向かって積極的に突き進む者であり、狷者とは消極的に不仁不義をなさぬ者とされ、中庸の道を行く理想者が現実にはあり得ないとすれば、狂者にこそ仁義の道を興すことが要請されているのだと激烈果敢に訴えるのである。かく孔孟の悲願、孔孟の悲魂を甦らせ抉り出して、逃げようもない預言者の激烈さをもって、われ共に狂者になるべしと逼るのである。少年達は松陰に応じた。無垢が無垢に応じたのである。仁心が仁心を打ったのである。

『講孟劄記』の跋（後書き）に、

> 余の獄に在るや、囚徒相居る。そのすでに家に帰るや、親戚相集まる。時にすなわち『孟子』を取りて之を講ず。その訓詁を精しくするにあらず。その文字を喜ぶにあらず。ただその一憂一楽、一喜一怒、ことごとくこれを『孟子』に寓するのみ。故にその喜楽に当たりてや、『孟子』を講じてまた益々喜楽し、その憂怒するに当たりてや、『孟子』を講じてまた益々憂怒す。憂怒の抑うべからざる、喜楽の歇《や》むべからざる、随話随録し、やや積みて巻を成すもの則ちこの著なり。

おそらくはこれとほとんど同じ事が引き続いて後の松下村塾の場でも行われたに違いなく、『孟子』や『論語』や『史記』や『漢書』を取り上げつつ、その中の人物その中の出来事に出会っては、たちまち松陰の鬱懐は迸り、松陰の一喜一楽、一憂一怒は激発、その場に噴出して、少年達の心の中に流れ込み、その心を巻き込み、その心を奪って、同じ、一喜一楽、一憂一怒に燃え上がって、共に感泣し、共に随喜したに違いないのである。

松陰は幽室にあって藩内の、日本の、世界の至るところに巨大な不仁を見、すべての人間関係において理解と共感と意志疎通とが麻痺し分断し断ち切られていることをわが指先に針を刺すがごとき痛覚をもって感じ取っていた。この不仁不義を撃ち払って、至るところに仁の道を通さねばならぬ。理解と共感と意志疎通の仁の世界を打ち建てねばならぬ。かくして松下村塾は至仁の聖域となった。絶対共感の道場となった。松陰を筆頭に若き狂者の集う場所となった。立ち上がって不仁の世界に至仁の熱い血流を通さねばならぬとする狂者の集う場所となったのである。それは、再度野山の獄に囚われ、江戸に送られるまでの、わずか三年の夢幻の道場であった。狭い四畳半の幽室にあって松陰と少年達との間で行われた、日本史上そしてまた世界史上、ほとんど例外的奇蹟的と言ってもいい、至仁の道場、絶対共感の道場であった。

少年達はやがて巣立ち、藩庁に出、主君と共に江戸に出、幕末の不仁と不義の世界、幕府の独断専横を目の当たりにして、動けぬ松陰の想像力の触手、松陰の飛耳長目となって、至仁の道を切り開くべく、狂者の道を歩き始めるのである。

八　聾啞の末弟に日本の痛苦を見る

しかしながら弟子たちが松陰のいわゆる狂者の道を歩き始めるのは松陰死して後のことである。国難の危機の押し迫ったこの時機、松陰の想像力、狂者の論理はいよいよ激しさを増しつつあるにも拘わらず、弟子たちはなお松陰の過激さに二の足を踏み、むしろ師の独り突貫するがごとき狂者の論理、狂者の想像力を過激とし、時期尚早として、諫め、引き止めようとさえする弟子がほとんどであった。師が弟子の過激を諫めるのではなくて弟子が師の過激を諫めるのである。国難を思う松陰の想像力はかほどまでに透徹を極め、その狂者の論理はすでに何人も近づき得ぬ極北にまで徹底していたのである。

松陰は誰もいまだ聞く耳を持たない叫びをたった独りわが深淵より発するばかりであった。

そのことを秘かに語り出している文章がある。安政五年の『戊午《ぼご》幽室文稿』の中「諸友に示す」（十一月二十九日）に付された「又書す」（十二月二日）の文章である。実にさりげない文章である。実に静かな文章である。つねに見ている光景を語っているに過ぎない文章のごとくである。しかし異様な光に照らされている。異様な光に照らされて日常の光景は運命の光景と化している。そこには深淵が隠されている。松陰の運命が深々と湛えられている。異様な光とは松陰の絶望である。松陰の末期の目である。日々刻々とわが背後に退路を断ち、前途に可能な限りの選択肢を切り捨て、ただ一つの至仁の道、弟子たちも藩の要路の人も知人友人たちも道を異にして去って行った、ただ一人の孤絶の道、両脇が深い暗い谷に狭まれた一本の細い白い道、あの二河白道の一本道にも喩えられる孤絶の道を一人行く孤絶者の目である。そのような目によって始めて見えてくる光景というものがあるのである。ここにそれを引用してみよう。

吾が弟、敏（敏三郎）生まれながらにして（聾）唖、今すでに十四なり、面目動止（容貌や立ち居振る舞い）およそ人に異なるなし。その字を写し書を摸すること、すこぶる善く人に似る。また世間に書ありて説くべくして（読むことも説くこともできるのに）、己れ独り通ずる能《あた》わざるを知る。人の書を読むを見て、あるいは黙然注視して去らず、あるいは喃喃語《なんなんご》（むにゃむにゃ語）を習いてやまず（中略）、しかしてついに読みかつ通ずる能わざるなり。

余この頃丈室（幽室）にまた囚せらる。室中に先霊（先祖）の位牌あり。敏、旦暮（朝夕）かならず来たり、位牌の前に香を焚きて拝禱す（拝し祈る）。その口、喃喃として（むにゃむにゃ）、何の意味なるかを辯ぜず。余初め戯れと為す（思う）。已にその常ありて變ぜざるを怪しみ、試みにすこしく之を叩く（弟に尋ねる）。敏、羞縮《しゅうしゅく》褎笑《しゅうしょう》（羞じて縮こまり、作り笑いをして）、書を取りて口を指し、喃喃として読む者の状（まね）の如し。かつ位牌を拝し、祈る所あるを示し、又指もて口を覆いて、人に知らしむなかれと。それ唖者は以て書を読むべからざること（読むことができないこと）、已に生あるの初めに定まる。しかるに弟独り自ら知らず。ただ弟（自らの聾唖が）湯薬針灸のよく治する所にあらざるを知り、すなわちこれを先霊（先祖）に祈る。その愚亦悲しむべきのみ。しかれどもその祈り果たしていずれの日に始めしか吾れ問うに忍びず。その果たしていずれの日に終わるやまた問うに忍びず。祈りて得ざれば、かれ死すといえども変ぜざるか、そもそもさらにいかにせんとするか、吾れ益々問うに忍びざるなり。

ああ、吾れの尊皇攘夷も、何ぞ此れに異ならん。天子勅あり。吾が公（藩主）教えあり。しかして政府（藩政府）すこしも遵奉するに意あるなし。詭詐《きさ》（うそいつわり）反復して、吾れを厳囚（再度の厳しい軟禁）に陥れ、心もって快となす。ああ、吾れ厳囚せらるといえども首領（吾が首、吾が命）なお在り。尊攘（尊皇攘夷）の志すこしも沮撓《そどう》（挫折）せず。（藩）政府の君子よりこれを視れば、なお吾れが啞弟《あてい》を視るがごとくなるべし。しかれども吾れは啞弟を視てその悲しみに堪えず、しかるに政府の君子の吾れを視るは、まさに笑罵これ堪えざらんとす（吾れを見て笑罵に堪えないごとくである）。ああ、（我等）兄弟の愚、その成らざる（不具不完全）を均しうす。かの蒼なる者は天にして一視同仁なり。（我等兄弟を）悲しまんか笑わんか。吾れ天はけっして我等を罵るに至らざるを知るなり。十二月二夜、書を読み倦みて臥す。臥して睡るあたわず。また起きて燈を挑《かか》げてこれを書す。時に四更（午前一時から三時ごろまで）なり。

きわめて長い文章であったが、あえてここに引用させていただいた。ここに松陰の深淵、松陰の心の源底を目の当たりにするのを覚えるからである。松陰の魂が殻を失い裸の蒼白い柔らかいむき身となって痛々しく繊細極まりなく露出し這い出しているのを感じるからである。至仁というもの別して松陰の至仁というものがいかなるものであるか、この文章を外しては窺い知ることはできないだろう。松陰の論者でここのこの文章を引いて論じている人を見ない。読み過ごしたか読んでも一個の些事《さじ》（些細な事）として通り過ぎただけかも知れない。しかしこの些事にこそ松陰の大事がある。松陰の秘儀があるのである。些事にこそ神は宿る。西洋の言葉である。この些事を離れて松陰の真実は語れない。一枝華開世界起。東洋の言葉である。一枝の華が開くということは世界が起こることであるというのである。単に一枝の華が開くに過ぎないその時に一個の果てもない宇宙が華開き出現するというのである。この小文、この小さい秘花の中に松陰の一大生命が息づいているのである。

松陰の末弟敏三郎は聾唖である。身心麻痺の人である。不仁の極みに居る人である。前述したように、かつて中国では身心の麻痺を不仁と言った。人と人、人と物、人と世界、この世の一切の生命同士が互いに通じ合い、互いに流れ合い、分け隔てなく一つと化して融通無碍なる生命の一体感、それを仁と言い、それら大きな生命の流れ、別して人間の身体における神経や血流や経絡や感覚や生命そのものがある部分で麻痺し断ち切られ通じ合わない断絶状態、それを不仁と言ったとされる。

聾唖の末弟が毎日朝夕二回松陰の幽室たる仏間に来て、香を焚き、仏壇の位牌を前に端座して、両手を合わせ拝礼を行うというのである。戯れか真剣か分からない。試みにそのことを尋ねる。末弟は羞じらうがごとく笑って、傍らの書物を取り上げ、むにゃむにゃと声に出して読む真似をし、さらに眼前の位牌に手を合わせて礼拝する。

そしてこの自分の振る舞いを他に知らせるなと口に指を立てる。松陰は考えるのである。聾啞は生まれつきであるが、末弟はそれを一時の病気のごとく見なし、たとえ薬などでは治すことはできなくとも神仏に祈れば治るのだと信じ、そして治って自らもまたこの兄のごとく書物を声に出して読みたいと願って日々この祈祷を行っているのかと。しかし本当の所は分からない。そのような末弟のひたすらさその愚かさにただ悲しむばかりであり、いつからそれを始めたか問うに忍びず、いつまでやるのか問うに忍びず、祈って得ざればさらにどうしようとするのか問うに忍びずとして絶句するのである。この忍びざるの心こそ松陰の至仁の心の端的である。一体となるということはそういうことである。仁の働きとはそういうものである。苦しんでいる者、痛みを抱えている者を前にして、その痛苦その麻痺にただただ忍びず、しかもそこにわが身心の痛苦わが身心の麻痺を徹見して彼我同体となって悲泣するのである。その時至仁は不仁を抱く。至仁は不仁と一つになる。痛苦と痛苦、麻痺と麻痺、不仁と不仁とが通じ合う。それこそ至仁の究極である。「ああ、（我等）兄弟の愚、その成らざる（不具不仁）を均しうす。かの蒼なる者は天にして、一視同仁なり。（我等を）悲しまんか笑わんか。吾、天はけっして我等を罵るに至らざるを知るなり」とはまさに至仁の告白である。それ以外に至仁の住み家はない。一視同仁とは天の働きであり至仁の内実である。一視同痛であり一視同苦である。

安政五年幕府は朝勅（朝廷の反対）を無視して再度アメリカと条約を結び開港した。井伊大老によるハリスとの日米和親通商条約である。さらに幕府は朝廷と共に条約締結の抗議を発しようとする水戸藩主越前藩主等に弾圧を加えて登城禁止および蟄居を命じ、さらには、反対運動に同調し諸国の同志たちを扇動しようと謀ったとして、老中間部《まなべ》詮勝《あきかつ》を上洛させて、梅田雲浜《うんぴん》ら勤王の志士たちを逮捕するまでに至った。全国の諸藩も先頭を切る水戸藩越前藩等と同じく尊皇攘夷に変わりなかったが、幕府の弾圧を恐れて条約反対の声を公然と上げることなく因循、拱手傍観するばかりであった。毛利藩もその例外ではない。むしろ古来朝廷との縁只ならぬものがあったが故に、心中は尊皇攘夷、外面は幕府恭順の、相反する矛盾した困難な立場にあった。藩主毛利敬親《たかちか》、藩政府の重臣たち、家臣団、藩民のすべて、そして最後に松陰自身、そのすべてが同じ二重の相矛盾する複雑困難な立場にあった。

しかしここに来て、松陰と少数の門弟たちがついに突出して幕府の威を恐れず尊皇攘夷の旗幟を鮮明にし始めたのである。そして松陰は藩主や藩政府の要人たち（益田弾正、周布政之助等）に向かって数々の提言を行った（「愚論」「続愚論」「狂夫の言」「続狂夫の言」など）。しかしそれらの提言はすべて過激であり時期尚早であるとして撤回され拒否された。

日本危うし、それが尊皇の内実であった。日本危うし、それが攘夷の内実であった。日本のすべての人、朝廷も諸藩も幕府でさえ、それを思ったのである。黒船来襲によって、日本人は日本というもの日本の風土というものさらには日本人ということそのことを始めて自覚したのである。幕府は黒船ないしは外敵の威力を圧倒的に感じつつ、言わば、恐怖から来る独断専横をもって、朝廷や全国の諸大名等に諮ることもなくあるいはその暇もなく、朝廷の反対の朝勅を無視して、二度にも亘って外敵に屈従し外敵の要求に応じたのである。そしてそのような幕府の処置に対して異を唱え反対の声を上げた大名や志士たちを弾圧し始めたのである。

松陰は自宅の幽室にあって、（たとえ今は役目を外されていたとしても、元は毛利藩の兵学家であり軍師の立場にあったが故に）、そのような日本の情勢、風雲急を告げる国難というものを、江戸や京都や萩城下に居る幾多の弟子たちからの絶えざる連絡、逐一の報告によって、認識し実感し、一瞬一瞬切歯扼腕、痛苦したのである。松陰にあったのは想像力だけであった。身は動けぬ。行動に打って出ることはできない。幽室に坐って想像力を鋭利研ぎ澄ませることしかできない。そして松陰の想像力とは痛苦の想像力であった。人の痛みをわが痛みとして感じ抜く痛苦の想像力というものに外ならなかった。

　英国艦隊がインドを奪い中国に阿片を売って阿片戦争を起こし、やがてはこの日本に近づきつつあり、ロシア艦隊が北海道をかすめて南下しつつあり、米国艦隊が砲艦をもって脅かしつつ襲来して来ているのである。日本という生身の肉体に、そして究極は、わが朝廷わが天皇の生身の肉体そのものに、外敵の矢が刺さり剣が振り下ろされ銃が放たれようとしているのである。松陰にとってそれは我が身に矢が刺さり剣が振り下ろされ銃が放たれるがごとくに感じられたのである。日本の痛苦、天皇の痛苦はわが痛苦であり、その痛苦に呻吟し悲泣し、その痛苦を一刻も忍び得ざるものとして感じ取ったのである。聾唖の末弟に痛哭したごとく、麻痺と断絶と滅亡の危機に瀕しているわが日本わが天皇に痛哭したのである。わが断絶わが孤絶だけではない、日本と天皇の孤絶と滅亡を聾唖の末弟の姿に比したのである。松陰の性急、松陰の焦燥はそこから生まれているのである。松陰の忍びざるの心から生まれているのである。

　そのことが弟子たちにも藩の要路の者にも理解されない、万事休すの思いをもって、十二月二日、真夜中の二時、睡るあたわずして、起きて灯を挑かげて、この文章を綴ったのである。

　末弟の痛苦にわが身の痛苦を見、さらには、朝廷の痛苦日本の痛苦をも見、一時たりとも忍び得ざるものとして同苦同痛したのである。

九　痛苦の想像力

事は風雲急を告げる。松陰は老中間部詮勝が上洛して不穏な動きを見せる尊皇攘夷派たちを捕縛せんとする情報を得て、門弟たちと諮り、伏見において老中を要撃する計画（待ち受けてこれを撃つ、いわゆる間部詮勝要撃策）を立て、そのための血盟書まで作るのである。がしかしそのことは藩政府に洩れる。藩政府は幕府の弾圧を恐れてただちに松陰を自宅に厳囚、さらにふたたび野山の獄に再入獄させるに至るのである。

この時、松陰はすでに藩主や藩の要人たちに提言し献策する無効を自覚し、つまり、毛利藩を動かして他の諸藩や大原三位卿などの京の公家たちと呼応して幕府に向かって尊皇攘夷の実行を迫り、尊王攘夷派の弾圧を阻止させようとする献策は無効であると覚悟して、われら無位無冠の素浪人、足軽下人、田夫野人、野に伏し草を枕とする草莽《そうもう》の群れのみをもって立ち上がる草莽崛起の革命思想に至りつくのである。痛苦の想像力に基づく焦燥の草莽崛起である。

今目の前に血を流して苦しんでいる人がいる。手を拱《こまね》いて待ってはいられない。今すぐ立ち上がって助けなければならない。それが松陰の痛苦の想像力である。それが松陰の焦燥感である。今日本が血を流している。しかも幕府はそれを手を拱いて傍観しているだけではない。血を流させる側に居るのである。幕府に向かって抗議を、幕府に向かってその非を唱え、諫言し、どこまでも、どこまでも、死に至るまで諫め諫めしていかなければならぬ。日本の危機を、日本の滅亡を阻止しなければならぬ。徳川幕府の存亡ではない、まさに日本の存亡を救わなければならぬ。しかし幕府はわが存亡わが存続のみを優先し、そのことの非を唱える者を弾圧しようとしているのである。

松陰は日本の痛苦を見ている。その痛苦に忍びないのである。今立ち上がらなければならない。待つことはできない。痛苦の人に時期尚早はない。痛苦は痛苦にある者しか分からない。

それを松陰は訴え続けた。藩政府に藩の要人に門人たちに訴え続けた。しかもそのすべてが過激だと時期尚早だと言って、松陰を遠ざけ松陰を隔離した。

時期尚早と言った門人たちに向かって、松陰は「諸君は功業をするつもり、自分は忠義をするつもりである」と言った。功業とは完全に成功の条件が揃ったら行うということであり、忠義とは条件が揃おうが揃うまいが即刻立ち上がって痛苦の許に至るということであった。忠義とは仁の行為、至仁の業である。

松陰は痛苦の人である。痛苦の想像力の人である。痛苦を見て居ても立ってもいられない人である。待てない人である。立ち上がる人である。しかも立ち上がることを許されない幽囚の人である。であればこそいよいよ痛苦の想像力は研ぎ澄まされ過激になるのである。至るところに痛苦を見、矛盾を見、破綻を見、不仁を見、麻痺を見、それを見て、立ち上がり、そして人に、誰であれ、目の前の人に向かって、立ち上がり、手当しなければならぬ、解決しなければならぬ、貫通しなければならぬと、訴え、説き、直訴し、嘆願し、諫言して止まない人であった。究極、松陰は諫死をもってわが運命とするのである。松陰は諫死をもってわが命としたのである。いやむしろ、松陰はすべてのものは絶対に通じ合える、絶対に共感し合える、宇宙一切のものは本源において一つの生命体であるからだという絶対共感つまりは至仁というものを信じていたのである。それあればこそ、どんなものに向かっても、絶対共感の一体感へと共に連なることを信じて、それに向かって説き訴え嘆願し懇願し身を棄て身を投げ出すに至るまで諫言し続けたのである。

松陰は諫死の人であった。しかし諫死を望んだ訳ではない。諫死もまたやむなしとしたのである。松陰は至仁を信じ、絶対共感を信じたから、どこまでも説得しどこまでも諫言し続けて、同じ生命の一体感に合流することを信じていた。諫死とはあくまでやむなきものであり、この世での途中に過ぎなかった。七生報国という言葉を松陰は使ったが、七度《ななたび》生まれ変わって国に報いるということ、松陰は七度生まれ変わってでも国にいまだ痛苦あれば、それを救い出し、それを取り払い、そのためとあらば、どのような相手に向かってでも説き尽くし訴え尽くし諫言を続けねばならぬとしたのである。

松陰は間部詮勝要撃策を考えたが、老中を待ち受けてこれを撃つというよりはむしろ、伏見にあって路傍駕籠の中の老中に向かってどこまでもたとえ死に至るまでも諫言し諫言し続けることを計画したのだと言った方がいいかも知れない。

松陰にとって一切のものは天と一つになれるとあるいは天の下に一つになれると信じていたはずであり、そしてここで松陰の日本人としての心魂の奥底にあっては、天とは天皇であり、天皇とは天の受肉したものであり天の内面化したものであったとすれば、日本のすべては天皇の下に一つになれると信じて説得し諫言し続けるのだと言っていいかも知れない。もし時と場所が許されたならば、老中間部詮勝は愚か大老井伊直弼に向かっても諫死覚悟をもって同じ説得同じ諫言をし通したであろう。

十　獄中、李卓吾の「童心説」を読む

安政五年十一月二十九日松陰自宅厳囚。東は窓、南は戸、北には先祖の位牌の置かれた三畳の幽室である。上述した末弟の朝夕祈祷した部屋である。離れの塾の部屋に行くこともそこで弟子たちを教えることも厳禁となった。同年十二月二十六日野山獄に再入獄となる。松陰の過激暴挙を恐れた藩の緊急処置であった。獄に下ってなお松陰の痛苦の想像力は衰えることを知らない。むしろいよいよ激昂したのである。安政六年三月藩主参勤のため江戸に向かうに当たり、京都においてそれを待ち受け、勤王の公家大原三位卿と会わせ、京都勤王党と合流、尊皇攘夷の大義に藩主を立ち上がらせる、いわゆる藩主要駕策を計画したが、ほとんどの門弟はそれに従わない。たった二人、足軽の身分たる門弟の入江杉蔵とその弟野村和作のみが賛同、和作一人密書をもって京都勤王党に向かわんとするも事洩れて、両名捕縛されるに至った。ここでふたたび万策尽きたのである。草莽崛起は挫折した。

裏切らざる最後の子弟と見なした入江杉蔵に向かって、呼びかけるのである。

足下（子《なんじ》）も諸友と絶交せよ。同志の士を峻拒せよ。左候て罪の免ずるまで閉戸《へいこ》して勉学せよ。………桂さえ然り。諸友は與《とも》に議するに足らず。（藩）政府の人は猶ほ以てなり。日本もよくもよくも衰へたこと、實に堂々たる大國に大節に死する者子遠（杉蔵）一人とは。なした（なんとも）なさけない。其の防長（長州藩）に一人の子遠を死なせる僕の心事はどうあろうか察して見よ。併し死なねば防長一人の子遠では之れなく、死なぬ忠義の士は山の如くあるなり……。この頃李卓吾の文を読む。面白き事澤山ある中に童心説甚だ妙。説中に曰く

童心は真心なり。假人を以て假言を言ひ、假事を事とし、假文を文とす。假言を以て假人と言へば、即ち假人喜ぶ。假事を以て假人と道へば、即ち假人喜ぶ。假文を以て假人と談ずれば、即ち假人喜ぶ。假ならざる所なければ喜ばざる所なしと。

今の世事是れなり。中に一人の童心の者居れば衆の悪むも尤もなことなり。

（『吉田松陰全集』・第八巻・安政六年正月二十三日）

ここに引用した李卓吾の文章はすでに第三章「李卓吾」の章中に引くその著たる『焚書』からもう一度引いたものであるが、この時期松陰と李卓吾の『焚書』との出

逢いはまさしく運命的なものであり、追いつめられた二人の狂者の心情がここでぴたりと一致したのである。千載一遇の邂逅であった。

安政五年の秋、松陰は水戸藩等の藩士による伊井大老襲撃策を秘かに知って、長州藩だけによる老中間部詮勝要撃策を画策し、それを門弟高杉晋作、久坂玄瑞等や藩首脳たる周布政之助に告白、内諾を得ようとして、いずれからも過激ないしは危険として却けられ、そのことによって藩から入牢を申しつけられたのである。したがってこの書簡中の「諸友」「同志の士」は松陰の弟子中の弟子たる高杉晋作、久坂玄瑞、桂小五郎等のことを指し、藩首脳とは松陰の理解者であった周布政之助等であって、ほとんど身内に近い人たちと絶交せよと言い、彼らすべて議するに足らずとしたのである。長州藩のため、朝廷のため、究極、日本国のために画策したわが秘策の決行を逡巡し躊躇した同志たちを「死なぬ忠義の士は山の如くあるなり」として峻拒、牢中、一人激して、もはやたった一人の同志と目する杉蔵に向かって、熱弁を振るったのである。

この急迫し切迫し狂熱火のごとき松陰の前に、さらにその火を煽り、その熱を高めるがごとき李卓吾が出現し、『焚書』が出現し、その「童心説」が出現したのであった。

李卓吾は言い放つ。（文中の「假人」以下の「假」を「偽」と言い直すならば）、偽人（にせ者）は偽りの言を吐き、偽りの事を行い、偽りの学問をすると言い、さらに、偽りの言をもって偽人と語れば、偽人は喜び、偽りの学問を偽人と語れば、偽人は喜ぶ。偽りでなければ喜ばず。

そして松陰は白熱極まって断言する。

今の世はすべてこれなり。中にたった一人の童心の者がおれば、世間はすべてそれを憎むと。

李卓吾における「童心」とは松陰にとってはまさに「至誠」そのものに外ならなかった。

ここにおいて松陰の言葉は李卓吾と共に疾風の言葉と化し雷光の言葉と化し、闇夜の中を行く人々の素顔を照らし出したのである。

そしてさらにまた同じ杉蔵に向かって呼びかける。

子遠、子遠（入江杉蔵の号）、子《なんじ》にあらざずんばたれか吾を知らん。吾にあらずんばたれか子《なんじ》を知らん。子は家、しかして吾は獄、各々繋がるに徽纆《きぼく》（大縄）を以てし、相対して泣くこと能はず、悲しむべし、恨むべし。（中略）諸友交々《こもごも》吾を棄つ、吾生きて楽しむべきものなし。然りといえども吾あに一身のために之れを悲しまんや。

松陰は万事休して自殺を思う。そして餓死を実践する。しかし、獄中の自殺は犬死である。徒死である。諫死こそわが命でありわが運命であるはずであった。諫死の時を待つ、諫死の場を待つ、これ以外にもはやなすすべはない。三十年も一生である。五十年も一生である。七十年も一生である。死ぬに遅速はない。長短もない。身を捨てて仁を為す。覚悟してその時を待つ。覚醒してその時を待つ。その時は天が決めてくれよう。その時を待つ。痛苦の想像力は澄徹してここに至った。

安政六年松陰はなおも野山の獄中に居る。すでに為すべきことは何もない。そしてまた何を為すこともできない。しかも為さざるべからずのことを思うのである。至仁への思い、痛苦の想像力は尽きることはないのである。諫死諫言の思いは果てもないのである。その松陰の獄中にあっての痛苦の魂の気配を最後の幽室文稿たる『己未《きび》文稿』から二つほど引いておくことにする。

松如（土屋蕭海、松陰の友人）に復す（二月二十二日）

人生倏忽《しゅくこつ》（一瞬）、夢の如く幻の如し。毀誉も一瞬、栄枯も半餉《はんしょう》（食事時間の半分）。ただその中につき、一箇不朽なるものを成就せば足る。文山（1）の死、所南（2）の生、之を要するに宋末不朽の盛事なり。守仁の智、踏襲すれば則ち愚（王陽明の学問をそのまま学んだだけでは愚）、寅二（松陰）の暴（諫死諫言の暴挙）、吾より古を為す（吾始めてこれを為す）。

（1）宋王朝末期の人、王朝滅んで元に捕らわれ、元に仕えんことを要請されるも拒絶、入獄、処刑場にて惨殺された文天祥。

（2）宋王朝末期の人、元兵南下、上書を王朝に出すも叶わず、王朝滅んで、呉に隠れ、座臥、つねに南を望んで慟哭、北語（元人の言葉）を聞けば耳を覆って走った。死してその位牌に「大宋不忠不孝鄭思肖」と書いた鄭思肖。

知己難言（五月二日）

……そもそも余は則ち一愚鈍漢のみ。何の知り難きことあらん。而るに人すなわち（余を）知らず。余が性、善を見れば則ち喜び、悪を見れば則ち怒り、蔵匿《ぞうとく》（隠すこと）あることとなし。事の危急あるに臨まば、時にすなわち忿激過当の言あるも、遂に（わが言を）指して巧詐と為し権謀と為すは、譏りの過当にあらずや。吾れ君公（藩主）の恩眷《おんけん》（恩寵）を蒙ること、実に等倫に過絶す。感極まりて激となり、悲至りて憤となり、憤激の行、悲感の言、自らその過ぐるを知るといえども亦自ら制する能わず。あえて古の忠臣義士に比せずといえども、この心自ら信じ自ら靖んじ、天地に対すべく日月を照らすべし。（後略）

松陰における痛苦の想像力というものはかくの如きものであった。磁針がいついかなる所でも北極星を指す如く、松陰はつねにわが君公を思いわが天朝を思い、それに向かって痛苦の想像力を差し向け呻吟の思いを馳せたのである。吾を痛苦するのではない。ひたすら君公を痛苦し天朝を痛苦したのである。

安政六年五月二十四日、江戸伝馬町への引き渡しの令状が下った。すでにそのことを期していたごとく、松陰は家族や門弟たちに対して獄中にあってさまざまな永訣の書を書いた。門弟松浦松洞の願いによって自らの肖像（後世の肖像はこれである）を描かせ、さらにはそこに自賛を書いた。自賛の後半に曰く（『東行前日記』安政六年五月十六日）、

読書功なく朴学三十年　（わが愚かなる学問三十年）
滅賊失計猛気二十一回　（賊を討たんとして挫折するもわが志は失せず）
人（吾を）狂頑と譏り、郷党多く（吾を）容れず

身は家国に許し（捧げ）、死生吾れ久しく斉しうす（死生一如）
至誠にして動かざるは古より未だ之れあらず
古人及び難きも聖賢あえて追陪せん（ひたすら追慕せん）。

そして付け加えるのである。わが心中に一つの護身の符がある。孟子曰く、「至誠にして動かざる者は未だ之れあらざるなり」と。それ是のみ。諸友、それこれを記憶せよ。その他千万の言語は、画竜において八十一の鱗を描き込もうと、いやしくも眼《がん》晴《ぜい》を点ずるにあらずんば、ついにこれ真にあらざるなりと。

至誠をもってわが肖像の眼睛としわが魂の真としたのである。

この世に至誠をもっていまだ動かざるものあれば、死してまた生まれ変わりふたたび至誠をもって訴える。そしてまた動かざるものあれば、三度生まれ変わり四度生まれ変わって訴える。至誠に終わりはない。諫言に終わりはない。

かくして永訣の言葉は同時に出発の言葉であった。終わりなき覚悟である。終わりなき覚醒である。至誠の道、至仁の道は果てがないのである。

十一　百術は一清にしかず

　松陰は生涯において『孫子』を何度か講じた。特に安政四年の野山の獄、翌年の自宅幽室において（高杉晋作らを相手に）、都合二回の講義を行い、それが元になって『孫子評註』が生まれ、後世に残された。『講孟劄記《さつき》』と合わせて松陰二大主著と言っていいものであろう。後者が過激にして情熱的な、言わば、ディオニソス的な講義録、孟子と一体となっての巫女的な告白録とすれば、前者は簡古沈痛なる、言わば、アポロ的な講義録、ほとんど評者の感想を何一つ加えない典雅な註釈に終始したものである。

『孫子』は兵法の書であるからして、敵に勝つための百計を論じたものであり、中でも敵を知り己を知ることを二大眼目とするものであった。兵法家の吉田家を継いだ松陰は、当然、それを自家薬籠中のものとしていたが故に、獄中であれ自宅の幽室であれ、幕末の国難に処して、藩主や藩政府や知人友人弟子たちに対して送りかつ奉った上書ないしは献策のすべては『孫子』に基づいたものであった。

　ではあるが、奇妙なことに、百計を策するもすべて百敗、ついには百計を超え百計を捨てて、捨て身の一清、捨身の至誠をもってたった独り幕府権力に立ち向かったのである。言わば、『孫子』の百計を捨て『孟子』の至誠をもって独断専横の幕府に向かって玉砕したのである。叔父玉木文之進の「百術は一清に如かず」を生きたのである。百術を尽くして百敗、そしてついには究極の無策、身を投げ出しての一清、捨身の至誠こそが維新革命の狼煙《のろし》となったのである。飛躍して言わば、松陰の百敗が維新の成功を導いたのである。『孫子』にない奇蹟の兵法であった。歴史の皮肉である。

それをもう一度生きた人物が乃木大将であった。その人は玉木文之進の弟子であり松陰の弟弟子でもあり、西南戦争、日露戦争において、百計百敗、ことごとく失敗するも、「百術は一清に如かず」の一清をもって、逆に、部下たちを鼓舞し、歴史を輝かせたのである。彼は松陰の死後久坂玄瑞を通して伝わった『孫子評註』原本の写しを懐中にしてつねに戦ったと言われ、『孫子』の百計を生きたというより『孫子評註』を著した松陰の百敗を生きたと言っていいだろう。百計の成功はかならずしも人を打たない。至誠をもってする失敗こそ人を打ち歴史を切り開くのである。

ちなみに、玉木文之進は明治四年松陰の十三回忌に臨んで松陰に一詩を捧げた。（萩の乱に坐して切腹する一年前のことである。）

為すべからざるにおいてなお為す
丈夫の本領自ずからかくの如し
名を正し分を明かにして心すなわち信あり
尊夏（尊王）攘夷、義あに疑わん
（明治の）世事紛紜《ふんうん》（混乱）、慨嘆を長うす
人情浮薄、日に推移す
知るや十有三年の後
頑鈍依然独り痴を守る。

頑鈍守痴の血脈は玉木文之進から吉田松陰へさらに乃木大将へと過たず貫通したのである。

十二　朋友をもって生《いのち》となす

安政六年五月二十五日、松陰は江戸に向けて萩を出発した。萩に居る門弟たちは詩と歌をもって師を送った。『松陰先生東行送別詩歌集』である。詩を寄せる者二十二

名、歌を寄せる者十六名、『詩歌集』の末尾に「跋」として門弟入江杉蔵は次の如き血涙の言葉を書いた。

「先生つねに腸《はらわた》を吐きて人に接し、（門弟の）才を愛するの誠なりしを知るべし。先生かつて曰く『吾れ酒色を喜《この》まず、ただ朋友をもって生《いのち》と為す』と。この言、実に虚語に非ざるなり。」

　朋友をもって命となす、松陰における至仁とはかくのごときものであり、その絶対共感というものもまたかくのごときものであった。朋友はただに友人知人だけではなく、そしてまた一切の門弟だけではなく、藩のすべての武士百姓町人、獄卒役人、獄内の囚人達、さらに徹底すれば、幕府の権力者達、老中間部詮勝や大老伊井直弼、ついには、夷人たるすべての外国人までも含み、包摂して止まなかったものであろう。仁とはすべての垣根なきこと、義とはすべての垣根を取り払うこと、であれば、至仁の道はかくまで例外なきものであり死してもまた止むことのないものであった。

　松陰の江戸への檻送は毛利藩の武士総勢三十人余をもってしたという。それは厳重警護というよりはむしろ、藩主の申し子を生け贄として差し出すごとき、毛利藩の江戸幕府に対する深い痛苦に満ちた最初の暗黙の反抗宣言でもあったろう。

　松陰は駕籠脇の付き添いの同僚に己の口吟する詩（『縛吾集』）を書き取らせた。その中に「道上詠史三十解」があって、松陰の生涯にあってたえず自らを鼓舞し続けた中国の節義殉難の士たる亡国の忠臣たちをふたたび呼び寄せ、詩に詠い、わが最期の道行きの友としたのである。その中の一詩に曰く、

文天祥
生きて正気《せいき》の歌を賦し、
死して衣帯の箴《しん》を留む。
生死いずくんぞ論ずるに足らん、
凜々たる不磷《ふりん》の心

宋王朝滅び、忠臣文天祥は元に捕らわれ、護送中、絶食すること八日、なおも死せず、獄中にあって正気の歌（至仁の歌）を作り、元の都の柴市で惨殺された時衣帯の中に箴文（戒めの言葉）を留めていた。その賛に「孔子は仁を成すと言い孟子は義を取ると言う。ただその義を尽くす（為すべきを為す）、そのことが仁に至る所以なり。聖賢の書を読み、学ぶ所は何事ぞ。今にして後、愧《はぢ》なきに近からん」と。吾も義を尽くして仁に至るのみ。すでに生死は問わない。凜々たるわが摩滅することなき不磷の

心をもって進むばかりである。

十三　『留魂録』、わが至誠の種子をここに残す

ついに松陰最期の日が来た。安政六年十月二十七日午前十一時、伝馬町獄舎において処刑された。その前日、松陰は遺言書たる「留魂録」を書いた。そこに処刑に至るまでの経緯が縷々述べられている。なおそれは二通書かれ、一通は萩の高杉・久保・久坂連名宛てに送られるも現存せず、もう一通は伝馬牢の同囚・沼崎吉五郎に渡され、紆余曲折を経て、門弟野村和作（後の子爵野村靖）に渡り、現在は萩の松陰神社に蔵せられているという。

七月九日、初めての評定所の呼び出しあり。三奉行より尋問がなされた。要点は二つ。一つは、すでに捕らわれている梅田雲浜の萩訪問の折共に密議を凝らしたかどうか、もう一つは京の御所内に落とし文あり、手跡汝に似たり、その行為ありしやいなや。この二件だけであって、松陰はその一々に付き関係なきことを弁明した。ここで終わったならば、松陰の罪状は梅田雲浜との接触の嫌疑のみで、軽罪で済んだことであったろう。ところが幕府の三奉行は罪状認否の終了した後の、言わば、余談の如き

風を装い、なお思うところ有れば腹蔵なく述べてみよと言った。松陰はそれに誘われた如く、あるいはむしろ、諫死諫言の思い堰を切ったごとく流露して、かつてのわが下田踏海の一挙の事、以後の幕府独断の条約締結の違勅たる事、この国難に処しての幕府朝廷諸侯共々の打開策の事、さらには、松陰個人の勘案たる公家の大原三位萩への下向策の事、そして最後、老中間部詮勝侯の上洛時の要諫策（途中待ち受けて諫言する策、本来は要撃策であったのだが、他の同志へ累が及ぶのを避けた松陰の言い換え）の事まで語ってしまったのである。不用意の発言とも思わざる失態とも児戯に類する愚行とも見えるこの陳述は、しかし、この場を外したならば至誠をもってする諫言の時期は永久に失せるとする松陰の決死行でもあった。「至誠にして動かざる者はいまだこれあらざるなり」を証するための最後の賭けであり、最後の挑戦であった。しかし動かなかった。幕府に至誠に応じる人はいなかった。幕府はすでに単なる形骸と化した組織に過ぎず、松陰を受け入れる器ある人物はいなかった。

いずれにせよ、松陰の老中間部詮勝侯への伏見要諫策の陳述は三奉行の怒りに触れ、要諫策は要撃策と口書に書き換えられて死罪と決定されたのである。（一説に、本来は「流罪」とあったのを大老伊井直弼の最後の断案によって「流罪」に斜線、「死罪」と書き改められたという。）

『留魂録』は言う、

吾れ素《もと》より生を謀らず又死を必せず（死を進んで望みもせず）。ただ至誠の通塞《つうそく》（通じるか通じないか）を以て天命の自然に委したるなり。

とあれば、至誠をどこまでも貫き、国難の打開策を訴え、諫言し、諫言し抜いて、果てに、諫死あるもやむなしとする決死行であったことが窺える。そしてさらに言うのである。

吾れ行年三十、一事成ることなくして死して、禾稼《かか》（穀物）の未だ秀でず（穂が出ず）実らざるに似たれば惜しむべきに似たり。然れども義卿（松陰）の身を以て云えば、是また秀実（実り）の時なり。何となれば人寿は定まりなし。禾稼の必ず四時（四季）を経る如きに非ず。十歳にして死する者は十歳中自ずから四時あり。三十は自ずから三十の四時あり。五十、百は自ずから五十、百の四時あり。（中略）義卿三十、四時已に備わる、亦秀で実る。其の秕《ひえ》たると其の粟《あわ》たると吾が知る所に非ず。もし同志の士其の微衷《びちゅう》（わが悲志）を憐れみ継紹の人あらば、乃ち後来の種子未だ絶えず、自ずから禾稼の有年（豊年）に恥じざるなり。

ここに松陰はわが至誠の種子、わが至仁の種子を後来の同志に託したのである。いまだ絶えざる至誠の種子、世の一切のものと通じ合える至仁の理想の世界、あの絶対共感の世界を目指す至誠の種子を弟子たちの心根に植え付けたのである。松陰にとって至誠は千年の後にも生き続ける古代蓮の種子のごときものであった。

そして『留魂録』の最後に一首を添えた。

呼びだしの声まつ外に今の世に待つべき事のなかりけるかな

これは『留魂録』の最初の一首と遙かに相応じるものであった。

身はたとひ武蔵の野邊に朽ちぬとも留め置かまし大和魂

松陰辞世の一首とも言うべきこの歌について註釈は一切要らざるものであろう。ただ最後の「大和魂」について一言するならば、それこそは松陰の命たる「至誠の魂」

の言い換えであり、見果てぬ至仁の夢、見果てぬ絶対共感の夢を託した言葉でもあったろう。

安政六年十月二十七日午前十時、伝馬町の獄内にあって松陰は処刑された。次いで十月二十九日、遺体は千住・小塚っ原の回向院に移され、桂小五郎、伊藤俊輔（後の伊藤博文）ら四人の門弟によって同地に葬られた。さらにその墓は三年後の文久三年、高杉晋作、伊藤俊輔らによって毛利藩の別邸のあった世田谷の地（現在の松陰神社）に移されたという。

松陰の至誠の種子は確実に高杉晋作、久坂玄瑞、桂小五郎などに受け継がれた。かれら門弟たちは、時代に先駆け門弟に先駆けて至誠一貫諫死を遂げた松陰の悲劇の魂を己の魂としたのである。師と決死行を共にすることのできなかった悔しさ不甲斐なさを己の魂に刻み付けて、言わば、わが心中に松陰の魂を分骨するがごとき思いをもって、一人一人、小松陰となって幕末維新の革命に身を捧げていった。

頑鈍守痴が人を打つのである。失敗に継ぐ失敗を物ともしない至誠の愚行が人を打つのである。ファルス（茶番）にまで至るがごとき悲劇性が人の心を摑むのである。松陰の夭折、松陰の突貫はそのことを証して余りあるものがある。

後序

松陰は悲願の人である。この世では果たし切れないものに取り憑かれて、死してなおそれを完成し成就させようと悲願する人であった。そのような悲願の人をこそ私は始まりの人と呼んだのである。長い間に亘って『始まりの人』において取り上げてきた、釋道安、慧可大師、李卓吾、譚嗣同、伝教大師最澄、村田珠光、藤原惺窩、そして最後の吉田松陰に至る八人の始まりの人はすべてそのような意味での悲願の人であった。この世この一生においては完結することも成就することもできない膨大な悲願、膨大な覚醒、膨大なヴィジョン、膨大な未発のエネルギーを抱えつつ悲劇的な一生を駆け抜けた人々である。

現代のイタリアの思想家ジョルジオ・アガンベンの言葉を用いるならば、「Non - Vecu」（ノン・ヴェキュ）の人達である。「いまだ生き尽くされざるもの」を抱えて死した人々、いまだその無限の潜在力を汲み尽くすことなく逝った人々である。それを私は悲願と言った。そしてそのNon-Vecuあればこそ、その悲願、その悲劇的な未完成あればこそ、その人達は死してなお光を失わず、光を発し続けるのであり、そして同時代の人々には見えなかった、そのNon-Vecuの光、悲願の光が弟子たちないしは後世のきわめて少数の人々に始めて気がつかれて、かれらはその人を受け継ぎ、その人の悲願、その人の悲劇的なNon-Vecuを自らの人生において引き受け成就し実現しようとするに至るのである。

私はこのささやかな書物をニーチェの『アンチクリスト』の序文の中の一文から書き始めた。であれば、今この書物を閉じるに当たって、ふたたびまたニーチェの言葉をもって締めくくりたいと思うのである。衒学の徒という誹りを覚悟の上であえて引用することにする。私は大学時代からニーチェをずっと読みかつ考えてきた。以後、西洋文明を遍歴し、やがて東洋文明を遍歴して、私は今八十一歳になんなんとして、今なお、ニーチェはわが同胞《はらから》の人として心底に懐かしくも生き続けているのを感じている。一人の先人、一人の古人が今なお私の心の中に忘れがたく生き続けているのはなぜであろうか。それを私は心中のニーチェを通して考えるのである。それはおそらくはその人がなお言い残したことが多々あり、いまだ生き尽くされざるものを残して去って逝ったと痛感するからであると思うのである。その人の痛恨、その人の慟哭、その人の悲願を思うからであろうと思うのである。その痛恨、その慟哭、その悲願の謂れを知り、見届け、その悲志悲願を嗣がなければならないと決意するのを促すからであると思うのである。

ニーチェは最後の著作『この人を見よ』(『Ecce《エッチェ》 Homo《ホモ》』)という書物を遺著のごとく残して死んだ。その序文の一節をここに引用してわが拙文を閉じたいと思う。

私の著述の空気を吸うことを心得ているほどの人ならば、それが高山の空気であり、強烈な空気であることを知っていよう。人はこの空気に適するように造られていなければならない。さもなければ、そのために肺炎になる危険が大いにあるからだ。氷雪は近い。孤独は恐るべきものである。だが何と静かにすべての物が光の下に横たわっていることか。何と自由に呼吸ができることか。何と多くのものが自分の下に感じられることか。これまで私の理解し生きてきた哲学とは、自ら進んで氷雪と高山の中に住まうことであった。生存における一切の異様なもの、一切の疑わしいもの、道徳(今までの既成の価値観)によってこれまで追放されてきた一切のものを探求することであった。(中略)

一個の精神がどれだけ多くの真理に耐えうるか、どれだけ多くの真理をあえて行うかということ、これが私にとって、ますます本来の価値基準となってきたのである。誤謬とは盲目のことではない。誤謬とは臆病のことである。認識における成果、認識における前進は、すべて勇気から、自己に対する峻厳さから、自己に対する潔癖さから、結果として生じてくるのである。「われらは禁断のものを求む」。この旗印のもとにいつか私の哲学は勝利をおさめるであろう。なぜなら、従来、原則的につねに真理ばかりが禁圧されてきたからである。

ニーチェのこれらの言葉がすべて上記八人の始まりの人たちに当てはまるとは思えない。が、すくなくとも、かれらはすべて時代に先駆けて、孤絶独往、自ら進んで氷雪と高山を良しとしてそこに住んだのであり、遥かな真理の絶巓《ぜってん》を目指したのである。今までの既成の価値観、一般世間の常識世界から追放されてきた、いまだ見ぬ未知の真実を探求することに賭けた人々であり、一個の勇気から、一個の自己に対する峻厳さから、自ら進んで、禁断の世界、精神の氷雪と高山の世界を目指したのである。

ニーチェはかれら始まりの人たちを指して「この人を見よ」と叫んだのである。本来「この人を見よ」という言葉はイエスに向かって言われた言葉であり、ローマ帝国の支配下にあったユダヤの地のローマ軍の最高指揮官ピラトが十字架を背負いつつ処刑場たるゴルゴダの丘に向かって喘ぎつつ登って行くイエスを指して言った言葉であった。つまりはイエスこそ史上最大の始まりの人であったのである。イエスこそ始まりの人の祖型であった。イエスこそ最大の悲願の人、最大のNon-Vecuの人であった。いまだ生き尽くされざるものを無限に抱えて死した人であった。

私の取り上げた八人の始まりの人たちはすべてイエスの何ほどかを内に抱いて生きた人たちであり、ある意味では、イエスの分身とでもいうべき人たちであった。であれば、私もまたニーチェと共に、あるいはピラトと共に、かれらを指して「この人を見よ」と叫ぼうと思うのである。たとえかれらの多くが事実においてはイエスの分身であると共に、より多くドン・キホーテの分身だったとしても、「この人を見よ」と叫びたいと思うものである。

完

発刊に寄せて

小暮　清
（経営開発センター代表）

○ 光春師は洞察と探究と卓見（剣）を持った開拓人

著者茂木光春氏（以下光心師と呼ぶ）は小生が高二（十七歳）の時、英語の新任教師として赴任してきた。師の放つ数々の言霊に魅了されていたが、中でも十七歳の時、妙好人浅原才市の詩、「ええなあ、世界虚空がみなほとけ、わしもその中、南無阿弥陀仏」を紹介された時はショックを受けた。後年道元の「峰の色、渓《たに》の響きも皆ながら、わが釈迦牟尼の声と姿と」の境地と出逢い、二人の詩が寸分の狂いもなく世界と自己を一体化させた世界観であり、如来から自分へと転換した「如来住」であることが小生のちっぽけな魂に「海印三昧」として響き渡ってきたことであった。

小生は生まれてからこの方、さまざまな人生経験を積み上げてきた道中にあって、幼少の頃より常に自分自身につきまとっていたのは「自分とは何か、人間とは何か、今の自分のレベルはどのくらいなのか、どこから来てどこへ還って行くのか」という疑団であった。そして今、この問いに向き合ってきたが故に、この小さな自分でも、魂の完成に向かって進んでいるのだという実感とやがて自分自身を越えて（自己超越）、宇宙の意志（神、仏）に自分自身を一致させていく、遠大なサイクルの道を、今、歩んでいるということに気づき、この自分自身にこの上ない懐かしさを感じているのである。

宇宙の意志と響き合うには、我々は「内なる尺度」すなわち「内なる羅針盤」を持ち、これを磨くことにある。羅針盤の感度が正確であるかどうかは、魂の弁別力と深く関わっている。これは我々の魂の中核から立ち上る不滅の意志のエネルギーからさらに湧き出て来るパワーなのである。

我が光心師は、この羅針盤造りに、同朋として、同伴者として、五十年以上、小生に付き添ってくれているナビゲーターであり、恩師なのである。小生は光心師の中に「始原のエネルギー（体）」と熟成された生き方のパワーを見出している。「思慕の念」は小生十七歳の時に芽生えた。思慕の本質は「生命の根源（仏性）への懐かしさ」であり、本来の弟子性を相互に持っているが故に、いつ会っても「飽きが来ない」のである。

又、二人共、餓《う》えた鬼のエネルギーを併せ持っているが故に、エネルギーの交換ないしは交歓の場の中身は、禅的に言えば、三種類の公案（法身、機関、向上）と四喝（叱咤、威嚇、勘験、一喝）が入り混じったものを飛ばし合って、互いにエネルギーの反射と再生に役立たせているのである。先賢先達の生き様を「追う」ということは、自分の今とここ、そしてこれからを固め、かつ一体一如を現成することに他ならないと念じている。

光心師は、二十代、三十代は西洋文明、四十代、五十代は東洋文明の中で、西洋文学思想哲学、東洋の仏教儒教道教における「先駆者、始原の人」を、まるで地球の中の地下水脈が循環するように、洞察し探究しその独自の卓見（剣）力をもって発掘してきた。六十代からは「報恩献筆行」とでもいうものを徹底、「始まりの人」の第一号である『永遠の天心』を始め多くの始原の人たちを顕彰し自らの思想詩として出版し始めた。今度の『始まりの人（東洋先駆者列伝）』はその集大成と考えられる。

○「始まりの人」とは何人《なんぴと》なのか。

始まりの人を作者は「悲願の人」と命名したが、八人をまず並べてみることである。仏教、哲学、儒教等を別々に見ていたのでは分からないが、八人を一緒に並べ、よく眺めてみると、その共通性が明らかになってくる。それは何かと言えば、宇宙の本質である実在世界（舞台裏）からの、我々人間の置かれているこの現実世界へのメッセージであり、この人生の表舞台への「根源的生命のエネルギーそのものの訪れ」なのである。八人共、師との邂逅はもとよりだが、そのメッセージに基づいて教えを説いているのがよく分かる。

いずれの先駆者にも共通していることは「天命が全人格を貫き、仏、神の命（宇宙生命体の意志）が全身に充足した人にして始めて心底から突き上げてくる始原のエネルギーを言霊として放射することが出来る」ということなのである。

従って、小生は始まりの人を、〝彼岸（実在世界）から来た人〟、〝真如から来た人〟、〝至仁と至誠を糧として行動した人〟、〝不滅の点火（天下）人であり育成者〟と命名し、その徳性を顕したい。

始まりの人は、常に乱世、動乱の時代に湧き上がり、生まれてくる。そして、仏、神の根源的エネルギーである〝愛と慈悲〟を中核とし、日常生活のレベルアップに邁進するよう働きかけてくる。

始まりの人は「真の孤独」から常に出発する。真の孤独とは、自分が最も重要と思えることを人に伝えられないこと、人とは異なる、他人からは許容しがたい、何らかの〝本源的観点〟を自分が持っていることによって生じるものである。しかし始まりの人になるということは、仏性、神性を生きることであり、〝梵我一如〟（宇宙生命と自己生命の一致）を生きることに他ならないから、誰もたった一人で始めなければならない。よって真の孤独から逃れることは出来ないのである。同時に、本来、誰しも仏性を持っているにもかかわらず、仏性そのままを生きていくことができない自分に「悔しさを感じ、飢餓感を持つ」。この悔しさ、飢餓感は、仏に向かっていくための原動力となるものであるから、仏との比較において持つべきものなのであり、人間の悪しき彼我の比較、妄想分別においては持つべきではないのである。この解消法とは「梵我一如の体験をする」こと以外にはない。

小生は始まりの人八人から真人としての精神エネルギーの在り方をまとめてみたい。

それは神や仏から、大地から、人間から、美と喜悦、勇気と壮大、そして偉力と霊感を、胸中に抱き得る限り受け止めようとする、絶大な受容力である。

それはまた驚異への愛慕心、輝ける事物や思想に対する渇仰、真理に立ち向かう不屈の挑戦、小児の如く求めて止まない探求心、優れた想像力ないしは創造力、七転び八起きの逞しき意志、怯懦《きょうだ》を斥ける勇猛心、安易を振り捨てる冒険心である。

以上の姿勢と心構えを心身に浸透させ、これからの我が人生の生き様の熱力と推進力とすることを、小生は『始まりの人』の著者と共に、誓おうとするものである。

○ この人（光心師）と交歓せよ！

ニーチェは、自分を、つまりは、始まりの人を指して〝この人を見よ〟と叫んだとのことであるが、人生において見るだけでは、パワー・アップに結びつかないのではないか。「置換力と統合力」を養成するためにも、我が師である「光心師（この人）と交歓せよ」と叫びを上げるものである。生き様はその人の最高の聖典である。作品はその一部でしかない。生き様を見よ！

あとがき

　私は二十代の始め頃から、西洋十九世紀のニーチェやキェルケゴールやドストエフスキーなどを読み始め、さらには、西洋のルネッサンスに飛んで、シェイクスピア、ラブレー、セルバンテスを読み、ついで、二十世紀にもどって、ジョイス、プルースト、セリーヌ、ボルヘス、ベケットなどを読んだ。そして彼らの後を追って作家になる夢を見た。大文学、大小説を書こうと試みた。そして以後、数十年に亘って、日本の出版社の主催する文学賞に応募すること五十五回、すべて没になった。ベケットがその一大奇書たる『ワット』をパリやロンドンの出版社に持ち込むこと五十五回、すべて却下されたことと同じ回数であることが後で分かった。私に小説を書く才能がないのか、あるいはすくなくとも出版社の期待するような小説を書く才能がないのか、そのいずれかだったろう。しかもそれにも懲りず、八十歳にしてなお小説を書いて応募しようとしているのである。愚なるかな、わが人生である。笑わば笑え、わが人生であった。そんなわがドン・キホーテ的な生涯にあって、やがて私は、わが失意の心を慰めるべく、上述の作家たちとは違う、別な思想家、宗教者の世界へとのめり込んでいった。イエス、ソクラテス、孔子、釈迦などの世界である。そして比べるのもおこがましい限りであるが、かれらのすべてが、ある意味で、失意と挫折と失敗と悲劇の人たちであることが分かった。

そうやって徐々に見えてくるものがあった。いつの時代にあってもほとんど九十九パーセントの人々が希望を抱き志を抱き夢を抱きながら、そのまったき実現を見ることなく消えていったことが見えてきたのである。すべての人々はその失敗性、その悲劇性においてイエスの百分の一、ソクラテスの百分の一、釈迦孔子の百分の一の分身さんであることが分かってきたのである。

そうやって徐々にわが分身さんとして見えてきた人たちこそが、以前取り上げた天心、蕃山、良寛、一休和尚、明恵上人たちであり、そして今、この拙い著述の中で取り上げた八人の先人たちに他ならなかった。そこに自分の分身を見るが故に懐かしい人たちであった。私はかれらの面をかぶって、狭い四畳半の部屋に立ち、「やお、おおう」と、一場の夢幻能を舞ってみたのである。その夢幻能の八つの場面がここに収録されているということができるだろう。その夢幻能の名前は「始まりの人」であり、前シテはかれら八人であり、真の主人公たる後ジテこそはドン・キホーテその人であった。

　私はなおしばらく日本のリトル・ドン・キホーテとしてこの世に留まり、見果てぬ文学の夢を紡ぎつつ、わが痩せ馬に乗って、一人、現代の荒野を、転びつまろびつ、駆けて行くことだろう。これもまた一場の夢幻能に過ぎないのかもしれない。

　そんなわが作品わが夢幻能に、もったいなくも華を添えてくれた三人の人に甚深の感謝を捧げたい。お一人は小田原、東泉院の住職、岸老師である。禅と文学の生涯に亘る師であり、卒寿を越えてなお矍鑠として後進のために禅の指導に当たられている。今回も長大な拙文をお読み頂き貴重な熱の籠もった序言を賜ったこと終生の喜びとするところであり、只々報謝の思いを捧げるばかりである。次のお一人は生涯の若き友、小暮清君である。君は生涯に亘って絶対に裏切ることのない好男子であり、七十を過ぎてなお熱く人生を語る永遠の青年である。本人は百八まで生きると豪語しており、したがって私もなお数十年君と付き合う他はないと覚悟をしている。君からは天晴な文章「発刊に寄せて」をいただいた。野の哲人ぶりがよく出ている溌剌とした怪文であり快文である。感謝申し上げる次第である。最後のお一人は表紙の絵と帯の文章を賜った浜野茂則氏である。氏は画家であり詩人であり、その鋭い直観と深い無意識から立ち上ってくる摩訶不思議なイメージはつねに空前絶後のものである。生涯の友人であり、今回もまた着想優れた文と絵を頂いた。感謝申し上げる。

最後に文芸社の編成企画部の須永賢氏には、拙文をよく理解され、高く評価されて、出版を快諾されたことに感謝の気持ちを申し上げると共に、最後の最後ではあるが、読みづらい原稿を徹底精査され、ほとんど完璧なまでの文章作りに編集協力された編集部の渡辺祐子氏に改めて感謝を申し上げる次第である。

野分の後の九月十八日　　上尾市の陋屋　如日庵にて

茂木光春

本書は雑誌「扣之帳《ひかえ》」に数年に亘り連載された作品である。
読みづらい作品を快く掲載してくれた編集人青木良一氏の寛仁大度に感謝を捧げたい。

著者プロフィール

茂木 光春（もてぎ みつはる）

1936年、埼玉県生まれ。東京外国語大学英米科卒。
三田文学会会員。雑誌「三田文学」に作品「転生記」「きつねの涙」「悪童記」「眼球譚」「シナモンの匂う言語虫」「アリス探し」を発表。著書に『永遠の天心』『来たるべき良寛』『大いなる蕃山』『一休夢幻録』『わが愛する明恵上人』(以上文芸社)、『ぶらり奇病譚』(文化堂出版)、『老荘とデュシャン』『ブレイクの彼方』『天空の人ブレーズ・サンドラルス』『私は机竜之介である』『漂流する精神、ジャン・リュック・ゴダール』(以上ＥＰＨ）。その他、雑誌「Menta-Equo」に「ルキアノス的精神」「哭笑伝」（八大山人伝）「天狼記」（ディオゲネス伝)、雑誌「風土」に「もう一人の熊楠」「ひぐらしの夢」「ぼくは寓話である」、雑誌「扣之帳」に「悲琴抄」（竹林の七賢人の一人嵇康伝）「荒野から荒野へ」（英文学における宗教性）などを発表。現在、「扣之帳」に「真言の人空海」を連載中。

始まりの人（東洋先駆者列伝）

2017年12月15日　初版第１刷発行

著　者　茂木 光春
発行者　瓜谷 綱延
発行所　株式会社文芸社
〒160-0022　東京都新宿区新宿１－10－１
電話　03-5369-3060（代表）
03-5369-2299（販売）

印　刷　株式会社文芸社
製本所　株式会社本村

©Mitsuharu Motegi 2017 Printed in Japan
乱丁本・落丁本はお手数ですが小社販売部宛にお送りください。
送料小社負担にてお取り替えいたします。
本書の一部、あるいは全部を無断で複写・複製・転載・放映、データ配信することは、法律で認められた場合を除き、著作権の侵害となります。

ISBN978-4-286-18971-0